Jay E. Adams
Aufgepasst und mitgedacht

Jay Adams

Aufgepasst
und mitgedacht

Wie man von
Predigten am
besten profitiert

betanien

2. Auflage 2018

© der Originalausgabe 1991 by Jay E. Adams
Originaltitel: *Be Careful How You Listen*
(früherer Titel *A Consumer's Guide to Preaching*)
Erschienen bei Solid Ground Christian Books, Birmingham, Alabama

© der deutschen Übersetzung: Betanien Verlag 2016
Imkerweg 38 · 32832 Augustdorf
www.betanien.de · info@betanien.de
Übersetzung: Andy Vetterli, Hans-Werner Deppe
Cover: Sara Pieper | Betanien Verlag
Grafik auf Cover: liravega | Fotolia.com
Satz: Betanien Verlag
Druck: Drusala.cz

ISBN 978-3-945716-14-4

Inhalt

Vorwort des Übersetzers

Eine der erfüllendsten Aufgaben des pastoralen Dienstes ist es, eine Predigt vorzubereiten. Das heißt, sich von Gottes Wort in Ruhe ansprechen zu lassen, Wortstudien zu erstellen, grammatische Besonderheiten herauszuarbeiten, theologische Zusammenhänge zu entdecken und zuletzt das Gehörte und Erarbeitete im Namen unseres Herrn am Sonntag an die Gemeinde zu richten. Es ist gleichzeitig auch die schwierigste Aufgabe, jahrelang Sonntag für Sonntag vor der gleichen Gemeinde zu predigen. Dieser Druck im Nacken, immer frisch, immer neu, immer originell, immer biblisch, immer unterhaltsam, immer relevant, praxisbezogen und zeitnah zu sein, kann schwer auf einem lasten.

Denn so sehr man sich auch bemüht – die Gemeinde gewöhnt sich an den Stil des Predigers. »Neue Besen kehren gut«, sagt man, und das ist in der Regel auch der Fall. Doch sie werden nach einer gewissen Zeit eben abgenutzt und sehen schon bald aus wie die alten Besen. Der Gewohnheitseffekt schleicht sich ein. Dass man die Predigten langweilig findet, kann, muss aber nichts mit der Qualität zu tun haben.

Jahrelang den gleichen Prediger zu hören – und sei er noch so begabt – kann dazu führen, dass man mit der Zeit nur noch mit einem halben Ohr zuhört, dass man immer mehr abgelenkt wird, sich daran gewöhnt, genau weiß, was als nächstes kommt und letztlich findet: »Früher war er besser.«

Doch zu einer wirksamen Predigt gehören nicht nur der Prediger, Gottes Wort und der Heilige Geist. Auch der Zuhörer hat eine Verantwortung. Und genau hier setzt Jay Adams an. Als erfahrener Seelsorger, Pastor, Prediger, Dozent für Predigtlehre und letztlich auch Predigthörer kennt er alle Stolpersteine, die uns hindern können, gewinnbringend zuzuhören. Adams hilft dem Hörer, diese Stolpersteine aus dem Weg zu räumen, damit das Zuhören der Predigt wieder zu einem Ereignis wird, in dem der lebendige Gott durch seinen Boten kräftige, Leben erweckende Worte ausrichtet!

Ich habe mir die Mühe gemacht, den Autor zu kontaktieren und um Erlaubnis gebeten, das Buch übersetzen zu dürfen. Danach habe ich es unter viel und anhaltendem Gebet mit dem innigen und aufrichtigen Wunsch übersetzt, meinen Predigthörern eine »Hörhilfe« in die Hand zu geben. Niemand hat mich darum gebeten. Niemand kam und bat mich, ihm zu helfen, ein besserer Predigthörer zu werden. Allein der Wunsch und die Vision, dass dieses Buch meinen Geschwistern wirklich dienen und helfen wird, wenn sie tun, was darin geschrieben steht, hat mich immer wieder motiviert, weiterzumachen. Möge dieses Buch nicht nur unserer Gemeinde, die ich aufrichtig liebe, zu einem neuen und erfrischenden Zuhören verhelfen.

Die Kapitel sind kurz und bündig, sodass es problemlos möglich ist, das ganze Buch in kurzer Zeit abschnittsweise durchzulesen. Dennoch geht es natürlich nicht darum, so schnell wie möglich zu lesen, sondern sich durch das Gelesene ansprechen, herausfordern und ermutigen zu lassen und es vor, während und nach dem Gottesdienst anzuwenden. Wer das tut, wird garantiert anders als bisher am Gottesdienst teilnehmen und wird sich ändern.

Andy Vetterli, Thalwil, August 2011

Einleitung

»Was ist bloß los mit den Predigten?«
»Warum lernen die Prediger ihr Handwerk nicht gründlicher?«
»Die meisten Predigten sind langweilig.«
»Ich werde selten wirklich erbaut bei der Predigt.«
»Ich habe nichts von den Predigten unseres Pastors.«
»Schon wenn er anfängt, den Bibeltext zu vorzulesen, weiß ich, was er sagen wird.«

Diese – und Dutzende ähnliche Beschwerden – kann man hören, wenn überzeugte Christen über ihre Gemeinde reden. Wo liegt das Problem? Warum gibt es so viel Unzufriedenheit über die Predigten? Ist diese Unzufriedenheit berechtigt? Und wenn ja, kann etwas dagegen getan werden?

Zugegeben, es gibt manche ungeeigneten Prediger. Zugegeben, manche theologischen Ausbildungsstätten bilden in diesem Bereich nicht gut genug aus. Zugegeben, manche Prediger gehören nicht in den pastoralen Dienst. Doch meistens werden Prediger zu Unrecht angeklagt!

Zu viele Gemeindeglieder reden über das Predigen, als sei das eine Einbahnstraße, als läge die Verantwortung für das, was beim Predigen geschieht, alleine auf den Schultern des Predigers. Aber das ist falsch! Effektive Kommunikation erfordert Fähigkeiten auf allen beteiligten Seiten.

Predigen ist nicht wie Bildhauerei, Fahrzeugbau oder Spielzeugmontage. Der Prediger muss an Menschen arbeiten, die schläfrig sind, sich ihm widersetzen, ihn missverstehen und leicht verärgert werden können. Die Aufgabe, Gottes Botschaft zu übermitteln, ist daher nicht einfach. Im Gegensatz zu Ton, Metall oder Kunststoff spielt der Hörer eine aktive Rolle im Kommunikationsprozess – zum Guten oder zum Schlechten.

Tatsächlich spielt der Hörer nicht nur in dem Moment eine Rolle, in dem Gott durch den Prediger sein Wort zu seinem Volk spricht. Die Bibel sagt mehr über die Verantwortung des Hörers, der Botschaft zuzuhören, sie zu verstehen und anzuwenden, als über die Verpflichtung des Predigers, das Wort treu zu predigen. Darum behaupte ich, die ganze Schuld dem Prediger zuzuschieben, ist eine ungerechtfertigte Anklage.

Vergleichen wir die Menge der Beschwerden über die vielen schlechten Predigten (selbst wenn viele Beschwerden zugegebenermaßen berechtigt sind), die Anzahl der Bücher über gutes Predigen (ich habe über 300 in meiner Bibliothek), die Predigt-Kurse und -Studiengänge (man kann sogar den Doktortitel in Homiletik, d. h. Predigtlehre, machen) und all die andere Arbeit, die getan wird, um das Predigen zu verbessern, mit der Anzahl der Bücher, Kurse oder dem Übungsmaterial zum Thema Zuhören, dann sage ich: Die Prediger werden zu Unrecht angeklagt!

Predigen ist keine Einbahnstraße, und es ist an der Zeit, einmal auf die Gegenfahrbahn zu wechseln. Es ist an der Zeit, um deutlich, offen und hilfreich zu den Predigt-Konsumenten zu sprechen. Es wird Zeit, dass diejenigen, die so schnell dabei sind, sich zu beschweren, demütig die eigenen Schwächen beim Zuhören zugeben. Sicher haben einige ihr Versagen erkannt und freuen sich über praktische und biblische Hilfen zum gewinnbringenden Predigthören. Aber sie wissen einfach nicht, was sie tun sollen, um die Zuhörfähigkeit zu verbessern. Jedenfalls muss etwas getan werden, um Ausgewogenheit in die oft so einseitige Angelegenheit zu bringen.

Man verstehe mich aber nicht falsch. Es geht mir nicht in erster Linie um Fairness oder um eine Verteidigung für schlechtes Predigen. Ich möchte gelungenere Kommunikation als Resultat gemeinsamer Verantwortung und Anstrengung auf beiden Seiten sehen. Den größten Teil meines Dienstes habe ich damit zugebracht, Predigern zu helfen, fähige Kommunikatoren zu werden. Doch über die Jahre wurde ich immer mehr davon überzeugt, dass allein eine solche Anstrengung das Problem nicht lösen wird. Die Hörer brauchen ebenfalls Unterweisung. Darum schrieb ich dieses Buch.

Ich habe die verschiedenen Abteilungen der Bibliotheken diverser christlicher Institutionen durchstöbert, um sie daraufhin zu untersuchen, was andere über das Thema Predigthören sagen. Darunter waren Bücher über das Leben als Christ, geistliches Wachstum, Predigtvorbereitung usw. Ich fand praktisch nichts als einige wenige Hinweise – einen schnellen Kommentar hier, eine Illustration da. Autoren, die Christen beibringen, wie man Gott dienen und geistlich wachsen kann, betrachten die Predigt des Wortes Gottes und die Reaktion darauf offensichtlich als unwichtig für diese geistliche Entwicklung. Oder diese ungeheuerliche Lücke spiegelt die Enttäuschung der Autoren über das Predigen wider.

Eine solche Haltung steht im Gegensatz zur Ansicht der Reformatoren. Sie maßen der Predigt einen hohen Wert bei. Und diese Haltung widerspricht auch dem, was das Neue Testament lehrt. Diese Haltung ist wahrscheinlich für die Laxheit (und die oftmals ausgesprochene Oberflächlichkeit), mit der die Predigt betrachtet wird, verantwortlich.

Ich behaupte, dass ein Grund, warum Menschen geistlich nicht so wachsen, wie sie sollten, darin besteht: Anstatt dass Prediger die Christen ermutigen, reichlich vom gepredigten Wort Gottes zu trinken, ermutigen sie die Zuhörer zu einer Art Pseudo-Selbstgenugsamkeit. Die Gläubigen werden zum Denken verführt, sie könnten selber allein genug die Bibel studieren und auslegen, obwohl dem nicht so ist. Dieses Denken macht die Hörer zu Kritikern statt zu Hörern und Lernenden. Und das verwirrt die Leute bezüglich des wahren Platzes des persönlichen Bibelstudiums und der allgemeinen Priesterschaft.

Ich habe dieses Buch geschrieben, weil es gravierend an Material fehlt, das sich dem Thema »Predigen aus der Sicht des Hörers« widmet. Meines Wissens gibt es kein einziges Buch dazu.

Ich möchte kein neues Ämterverständnis einführen – sozusagen eine Ein-Mann-Show – das den Dienst aller Gläubigen, der in Epheser 4,12 beschrieben wird, ausklammert. In Wirklichkeit glaube ich, dass der Laie eine viel größere Rolle spielt, als die meisten Bücher verdeutlichen. Die meisten Bücher über das Leben als Christ vergessen nämlich zu betonen, dass die Predigt ein grundlegendes Mittel ist, das der Heilige Geist zum geistlichen Wachstum des Gläubigen verwendet. Wenn man Epheser 4,12 betont, darf man Epheser 4,11 nicht vergessen!

Und er hat die einen als Apostel gegeben und andere als Propheten, andere als Evangelisten, andere als Hirten und Lehrer, zur Ausrüstung der Heiligen für das Werk des Dienstes, für die Erbauung des Leibes Christi (Eph 4,11-12).

Es geht mir also um das biblische Gleichgewicht – ein Gleichgewicht, das einerseits erkennt, dass Predigen allein nicht das Patentrezept ist, andererseits aber verdeutlicht, dass Predigen ein erhebliches Defizit hat, wenn der Zuhörer nicht selbst nachdenkt. Dieses Buch ruft darum zu einer gemeinsamen Unternehmung auf. Und es bemüht sich nach besten Kräften, dies in konkreten Begriffen zu buchstabieren, damit ein intelligentes Gemeindeglied es verstehen und befolgen kann.

Dieses Buch ist als Hilfe gedacht, das Beste aus einer beliebigen Predigt herauszuholen. Ich bin überzeugt, dass die meisten Beschwerden über das Predigen begraben werden können, wenn der Leser und viele weitere Christen sich genügend bemühen, sich die Zeit nehmen und den nötigen Aufwand betreiben, um geübte Predigthörer zu werden. Wir brauchen nicht nur gute Predigten, sondern Gemeinden, die wissen, wie sie Gottes Wahrheit hören, verstehen und anwenden sollen.

Auf den folgenden Seiten werde ich einige von zahlreichen biblischen Vorschriften vorstellen, die die Verantwortung des Hörers beschreiben. Ich werde Lösungen für manche Probleme bieten, mit denen man beim Predigthören konfrontiert wird. Und ich werde ein Programm entwerfen, das ernsthaften Gemeindegliedern hilft, ihre Kommunikationswerkzeuge zu schärfen.

»Können Sie mir sagen, was ich tun soll, wenn ich mir Predigten anhören muss, die immer wieder langweilig, bisweilen kindisch und oft gehaltlos sind? Wenn nicht, sehe ich keinen Grund, weiterzulesen. Denn das erlebe ich fast jede Woche. Und sagen Sie mir nicht, ich soll die Gemeinde wechseln. Es gibt keine andere bibeltreue Gemeinde in unserem Ort. Ich stecke hier fest!«

Ja, ich werde sogar sagen, was zu tun ist, wenn man einer schlechten Predigt zuhören muss. Nur Geduld. Doch um es kurz zu machen: Dieses Buch ist in erster Linie eine Anleitung, um dem gewöhnlichen Predigthörer zu helfen, einer Predigt das Beste abzugewinnen – wie auch immer die Qualität der Predigt ist.

1

Es gibt ein Problem

Vielleicht können Sie sich mit einer oder mehreren Beschwerden im Vorwort dieses Buches identifizieren. Diese Beschwerden beleuchten ein ernstes Problem in der Gemeinde. Ich kenne niemanden, der behauptet, dieses Problem sei neu. Aber es scheint so, dass die heutigen Umstände dieses Problem betonen und verstärken wie nie zuvor.

In vielen, wenn nicht in den meisten Gemeinden sind nachdenkliche Menschen beunruhigt über das »Predigtproblem«. Womöglich nehmen die Leute das Problem unterschiedlich wahr und bringen auch ihre Besorgnis darüber unterschiedlich zum Ausdruck. Wenn wir aber all diesen Wahrnehmungs- und Ausdrucksweisen auf den Grund gehen, kommt in etwa folgende Aussage besorgter Christen zum Vorschein: »Ich habe einfach nichts von diesen Predigten.« Und alle Hinweise scheinen es zu bestätigen – Christen haben nichts von der Predigt.

Sicher, viele Faktoren tragen zu dieser traurigen Situation bei. Manche Prediger können nicht reden. Andere nehmen sich viel zu wenig Zeit für eine gute Vorbereitung. Wieder andere sind eifrig darum bemüht, ihren Hörern »Fleisch« zu liefern und verbringen die ganze Woche mit exzessiven »exegetischen Einkäufen«, nur um der Gemeinde dann jede Menge schöne Stücke saftigen Fleisches zu servieren, aber blutig und roh und eigentlich nur für Tiger geeignet. Manche Prediger folgen dem unpersönlichen Vorlesungsstil, der von einigen Homiletikern gelehrt wird und sprechen *über* die Bibel – anstatt über Gott und die Bedürfnisse der Gemeinde *aus* der Bibel. Sie sind zufrieden damit, den Saft aus einem Abschnitt zu pressen, um dann die leere Hülle, die übrigbleibt, in die Bankreihen zu werfen. All diese Dinge –

und unzählige andere Fehler – beschreiben vieles, was heute als Predigtdienst bezeichnet wird.

Diese und ähnliche Probleme sind ein wichtiger Teil (aber nur ein Teil) des größeren Problems, das ich oben erwähnt habe. Christen haben nicht viel von solchen Predigten, aber das Problem steckt nicht allein hinter der Kanzel, sondern auch auf der Kirchenbank. Und doch wird dagegen nichts unternommen.

Man findet kaum Material – Bücher, Kurse oder dergleichen – wie man beim Predigthören größtmöglichen Gewinn erzielt. Tatsächlich scheint sich niemand darum zu kümmern, wie man Christen in der hohen und schwierigen Kunst des Zuhörens unterweisen kann. Man geht von einer falschen Voraussetzung aus: Wenn der Prediger seine Aufgabe gut macht, wird automatisch wirksame Kommunikation stattfinden. Diese Voraussetzung und alles was auf ihr aufbaut, sind der grundsätzliche Fehler, der – nicht weniger als schlechtes Predigen – zur gegenwärtigen traurigen Notlage in den Gemeinden geführt hat. Tausende besuchen jede Woche die Gottesdienste und nehmen doch so wenig mit. Das geistliche Leben vieler Christen wird in Mitleidenschaft gezogen und die Zustände daheim zeugen davon. Die magere Frucht, die sie für Jesus bringen, ist ein klarer Beweis dafür, dass etwas im Argen liegt. Predigen allein, selbst gutes Predigen, genügt nicht.

Hören – eine Frage der Ethik

Wirkungslos verpuffte Predigten sind wie gesagt nicht allein die Schuld des Predigers; die Zuhörer sind daran mitschuldig. Ich habe in zahlreichen Veröffentlichungen versucht, Predigern zu helfen, ihre Arbeit zu verbessern.[1] Nun möchte ich die andere Hälfte des Problems ansprechen: das Zuhören.

---

[1] Jay Adams, *Pulpit Speech* (Nutley: P&R, 1971); *Studies in Preaching* (Nutley: P&R, 1976, 3 Bände); *Predigen* (CMV Bielefeld, 2008; orig. *Preaching with Purpose*); *Essays on Biblical Preaching* (Grand Rapids: Zondervan, 1982); *Truth Applied* (Grand Rapids: Zondervan, 1990).

Wenn Jesus sagt: »Wer Ohren hat, der höre« (Mt 13,9) und diesen Ausdruck auch am Ende aller sieben Sendschreiben an die Gemeinden in Offenbarung 2 und 3 wiederholt, dann verdeutlicht das: Er erwartet von den Gläubigen, auf das zu achten, was er sagt. Es scheint sogar, dass dieser Ausdruck eine seiner liebsten Redewendungen ist. An der gleichen Stelle in Matthäus nennt er das Gesetz des Hörens:

> Denn wer hat, dem wird gegeben und überreichlich gewährt werden; wer aber nicht hat, von dem wird selbst was er hat, genommen werden (Mt 13,12).

Dann spricht Jesus von einigen, die entsprechend der Prophetie Jesajas zwar »hören«, aber dennoch nicht wirklich zuhören, weil sie nicht »verstehen« können (Vers 13-15). Aber im gleichen Atemzug versichert er seinen Jüngern, dass sie »glückselig« sind, weil sie wahrhaft hören (Vers 16).

Dann spricht Jesus weiter über dieses Thema und erzählt das Gleichnis vom Säemann und dem vierfachen Ackerboden, in dem manche zwar »hören«, aber nicht »verstehen«. Sie hören zwar, aber die Botschaft erstickt, bevor sie Frucht bringen kann (13,19-22). Die drei unwirksamen Arten des Hörens beschreiben ein Hören, das nicht nur fruchtlos ist, sondern auch verurteilt wird. Und höchst wichtig ist: Den Unterschied macht nicht der Säemann aus, sondern der Zustand des Bodens. Jesus sagt auch, dass diejenigen, die die Botschaft verstehen und bei denen das Wort wirksam wird, unterschiedlich viel Frucht bringen (13,13). Nachdem er das Gleichnis vom Unkraut im Weizen erklärt hat, beendet er diese wichtigen Ausführungen mit den wiederholten Worten: »Wer Ohren hat, der höre« (13,43; vgl. 13,9).

In der Parallelstelle in Markus 4,24 steht eine wichtige Ergänzung im Anschluss an die Erklärung der Gleichnisse: »Seht zu, was ihr hört!« Und Lukas ergänzt dasselbe Gleichnis mit den bezeichnenden Worten: »Seht nun zu, wie ihr hört« (Lk 8,8)!

Diese starken Worte über das Hören richten sich nicht an den Prediger, sondern an die Zuhörer. Immer und immer wieder und auf verschiedene Weise geht der Befehl von Gottes Wort aus: »Hört zu, hört aufmerksam zu, damit euer Leben von dem Gehörten verändert wird und die Botschaft euch fruchtbar macht.«

Aber das ist nicht alles. Am Ende der Bergpredigt erzählt Jesus das Gleichnis von den zwei Bauleuten; einer baute auf Sand und der andere auf Fels. Dieses Gleichnis ist nicht in erster Linie eine Aufforderung, Christus als Retter zu vertrauen (so wichtig das auch ist), sondern die Worte Jesu zu hören und ihnen zu gehorchen (Mt 7,24). Auch hier werden wir davor gewarnt, dass derjenige Zerstörung und Verderben erleben wird, der »diese meine Worte hört und sie nicht tut«, im Gegensatz zum klugen Baumeister, der »diese meine Worte hört und sie tut« (Mt 7,24.26).

Man wird mir nun entgegnen: »Moment mal, an diesen Stellen geht es darum, den Worten *Jesu* zuzuhören, und nicht den Worten eines Predigers.« Richtig, aber Vorsicht bei solchen Gedanken. Hören wir, was der Herr selber sagt: »Wer euch hört, hört mich; und wer euch verwirft, verwirft mich; wer aber mich verwirft, verwirft den, der mich gesandt hat« (Lk 10,16). Wer einen Prediger hört, der das Wort Gottes predigt, der hört Jesus selbst; wer einen Prediger ablehnt, der Gottes Wort predigt, lehnt Jesus selber ab. »Wie aber sollen sie hören ohne einen Prediger?« (Röm 10,14).[2]

Wie alle unsere Probleme begannen

Warum ist das Hören von Predigten so wichtig? Weil Gott durch sein Wort redet. Wer nicht auf Gott hört und nicht tut, was er sagt, beleidigt Gott. Ein solcher Affront gegen Gott stürzte die ganze Menschheit in Sünde und Elend. Gott sprach; Satan

---

[2] Die genaue Übersetzung dieses Verses lautet: »Wie können sie jemandem glauben, den sie nicht gehört haben?« Demzufolge wird durch die Predigt Christus gehört; vgl. Epheser 4,21. Predigen beinhaltet daher das Hören auf Christus.

sprach; Adam ignorierte Gottes Worte und hörte stattdessen auf
Satan. Seit dem Sündenfall in Eden geht es immer wieder um die
Frage: Will der Mensch auf Gott oder auf jemand anderen hö-
ren? Ganz egal, wer spricht, die Optionen sind immer dieselben:
Gott oder Satan. Oft hören die Menschen Gott nicht, weil ihre
Ohren mit anderen Worten und nicht mit dem Wort Gottes ge-
füllt sind. Menschen hören – die Frage ist nur: Auf wen?

Wenn Menschen auf Gott hören und mit Buße, Glaube und
Gehorsam reagieren, dann gießt Gott seinen Segen über sie aus.
Wenn sie aber leichtfertig mit Gottes Wort umgehen oder sein
Wort ignorieren und lieber auf den Rat der Gottlosen hören, sen-
det er Fluch. Im Garten Eden war nicht die Predigt das Problem;
das Problem hatte mit dem Hören zu tun! Und das ist seither das
Hauptproblem. Die Menschen wollen lieber auf jemand anders
hören als auf Gott.

Die Menschen benehmen sich wie ungehorsame Kinder; sie
wollen nicht zuhören. Selbst Gläubige können sich so an ihren
Ungehorsam gewöhnen, dass sie große Schwierigkeiten haben,
auf Gott zu hören. Aus dieser Perspektive betrachtet, erkennen
wir vielleicht, wie wichtig es ist, Gott zuzuhören. Gott erklärte es
seinem abgefallenen Volk Israel durch Jesaja: »Meine Gedanken
sind nicht eure Gedanken, noch sind meine Wege eure Wege«
(Jes 55,9). Deshalb müssen wir umso mehr auf Gott hören. Ansonsten entfernen wir uns von Gott und folgen unseren eigenen
Gedanken auf unseren eigenen Wegen. Gott ruft uns auf, unsere
eigenen Gedanken und Wege zu verlassen: »Der Gottlose verlas-
se seinen Weg und der Mann der Bosheit seine Gedanken! Und
er kehre um zu dem HERRN, so wird er sich über ihn erbarmen,
und zu unserem Gott, denn er ist reich an Vergebung!« (Jes 55,7).
In Vers 10-11 ruft Gott auf, sein Wort zu hören, damit wir fähig
sind, seine Gedanken zu denken und seinen Wegen zu folgen:

Denn wie der Regen fällt und vom Himmel der Schnee und
nicht dahin zurückkehrt, sondern die Erde tränkt, sie be-
fruchtet und sie sprießen lässt, dass sie dem Sämann Samen
gibt und Brot dem Essenden, so wird mein Wort sein, das

aus meinem Mund hervorgeht. Es wird nicht leer zu mir zurückkehren, sondern es wird bewirken, was mir gefällt, und ausführen, wozu ich es gesandt habe.

Hier betont er, dass sein Wort nie vergeblich von ihm ausgeht, sondern das erfüllt, wozu es ausgesandt wurde. Für Menschen mit hörenden Ohren ist es der süße Klang des Segens; für diejenigen, die ihr Ohr verschließen, ist es das Donnern des herannahenden Zornes. Das Wort Gottes ist immer wirksam – entweder es schmilzt die Herzen oder es verhärtet sie. Die Verantwortung, das Wort im Glauben anzunehmen, liegt auf allen, die es hören. Als Predigthörer müssen wir gewisse Dinge tun, die der Prediger nicht für uns tun kann.

Allzu oft weigern sich die Menschen – wie einst im Garten Eden – zu hören. Sie bezeichnen die Predigt des Wortes als »Torheit«, wohingegen es denen, die glauben, die rettende »Kraft Gottes« ist (1Kor 1,18).

Wenn Gott die volle Aufmerksamkeit seines Volkes fordert, ruft er: »Höre, o Israel« (5Mo 5,1; 6,4; 9,1). Er betont, dass ein ihm wohlgefälliges Hören stets zum Gehorsam führt (5Mo 6,3; 15,5). Wenn das Volk sich weigerte, auf ihn zu hören, dann versprach Gott, ihnen auch nicht zuzuhören (5Mo 1,43-45). Wenn das Volk wegen Sünden in Schwierigkeiten steckte, befahl er ihnen, umzukehren und zu hören (5Mo 4,30). Und so zieht es sich durch die ganze Bibel: Buch um Buch, Kapitel um Kapitel, ruft Gott sein Volk auf, ihm zuzuhören. Zuhören ist ein vorherrschendes Thema im Alten und Neuen Testament – noch vorherrschender als die Pflicht des Predigers, das Wort zu verkünden.

Warum wurde dann die Verpflichtung zum Hören so sehr übersehen? Ich bin überzeugt, dass diese Nachlässigkeit viele Gründe hat. Zunächst will ich nur einen nennen. Als Gott am Anfang Adam und Eva mit ihrem Versagen, auf ihn zu hören, konfrontierte, gaben unsere Ureltern ihre Sünde nicht zu. Stattdessen redeten sie sich heraus, indem sie die Schuld dem jeweils anderen zuschoben. Adam sagte: »Die Frau, die du mir gegeben hast ...« Evas Antwort war: »Die Schlange ... « Keiner von beiden suchte Gottes Vergebung dafür, dass sie auf die Schlange gehört hatten anstatt auf Gott. So ist es bis heute ganz ähnlich. Es ist einfacher für Sünder, den Prediger zu beschuldigen, als die eigene Schuld zuzugeben, nicht auf Gott gehört zu haben. Harry Ironside traf den Nagel auf den Kopf, als er sagte, er habe zwar die Gabe des Predigens, aber nicht jede Gemeinde habe die Gabe des Zuhörens. Noch exakter könnte es so formuliert werden: Alle wahren Gemeinden haben zwar diese Gabe, aber sie ist oft schlecht entwickelt oder wird falsch angewendet.

2

Bevor Sie beginnen

»Nun, wenn das Predigen so wichtig ist, wie Gott sagt, und ich mich selbst in Gefahr bringe, wenn ich Predigten nicht so wichtig nehme, geringschätze oder mir die Verkündigung von Gottes Wort gleichgültig ist, dann ist es wohl besser, dass ich ernsthaft lerne, wirklich auf die Predigt von Gottes Wort zu hören. Aber was muss ich tun? Wie kann ich meine Hörfähigkeit verbessern? Was bedeutet es, das Beste aus einer Predigt herauszuholen und am besten davon zu profitieren«? Ich weiß nicht einmal, wo ich damit anfangen kann.«

Das sind gute Fragen – ich werde alle nacheinander beantworten. Wenn Sie aufrichtig und lernbegierig sind, werden Sie rasch große Fortschritte machen. Aber betrachten wir zunächst das Wort »*wenn*«, mit dem der vorherige Satz beginnt.

Die absolut notwenige Voraussetzung

Seit Jahren schleppt seine Frau ihn in die Gemeinde. Jeden Sonntagmorgen war es dasselbe:

»Bill, wann stehst du endlich auf? Wir kommen zu spät zum Gottesdienst.« – »Ach, Mary, geh doch ohne mich. Ich bin müde. Hier im Bett lässt es sich gemütlicher schlafen als auf der Kirchenbank.« – »Kommt nicht in Frage! Los, steig aus dem Bett und zieh dich an. Warum hörst du denn nicht einfach richtig zu, wenn Pastor Franklin predigt? Er ist schließlich kein schlechter Prediger.« – »Mach keine Witze! Ehrlich gesagt, bräuchte ich ein starkes Aufputschmittel, um eine ganze Predigt von ihm über wach zu bleiben.«

Eines Sonntags war Bill vor Mary wach. Er hatte sich geduscht, rasiert und angezogen, lange bevor sie unter der Bettdecke hervorkroch. Er konnte es nicht erwarten, zur Gemeinde zu fahren. Er freute sich schon auf die nächste Predigt. Denn sie war die dritte aus einer Predigtreihe, die der Pastor vor zwei Wochen begonnen hatte. Was war geschehen? Hatte Pastor Franklin einen Auffrischungskurs für Prediger besucht? Hatte er seinen Predigtstil geändert? Waren die Themen plötzlich viel relevanter? Nein. Es war etwas ganz anderes passiert. Bill hatte sich verändert.

Für jedes Wachstum im Leben als Christ – auch für das Lernen, beim Predigthören bestmöglich zu profitieren – gibt es eine unverzichtbare Voraussetzung. Sie können nicht als Christ wachsen und weiterkommen, wenn Sie kein Christ sind! Die Veränderung von Bill hatte genau damit zu tun. Bill wurde Christ.

Christ zu werden, ist nicht das Gleiche, wie einem Club beizutreten oder eine neue Arbeitsstelle anzufangen. Es beinhaltet mehr als eine Veränderung äußerer Umstände. Sie werden nur Christ durch eine innere Veränderung, die so radikal ist, dass die Bibel dies als neue Geburt bezeichnet. Und diese Veränderung ist so radikal, dass sie Interesse an der Predigt von Gottes Wort bewirkt.

Ohne diese Veränderung bleibt das Predigthören im besten Fall unprofitabel. Es wird Sie langweilen, verärgern, verwirren, oder Sie anwidern – selbst wenn die Predigt an sich gut ist. Trifft diese Beschreibung womöglich auf Sie zu?

Die Menschen – alle Menschen – werden als Sünder geboren, getrennt und entfremdet von Gott, und darum sind sie unwillig und unfähig, sein Wort anzunehmen. Paulus sagt:

> Ein natürlicher Mensch nimmt nicht an, was des Geistes Gottes ist, denn es ist ihm eine Torheit, und er kann es nicht erkennen, weil es geistlich beurteilt wird. (1Kor 2,14)

Im gleichen Kapitel im 1. Korintherbrief erklärt Paulus den Unterschied zwischen einem »natürlichen« und einem »geistlichen« Menschen. Jeder wird mit einer sündigen Natur geboren, die er von seinen Eltern geerbt hat. Als natürliche Folge dessen lebt der Mensch dann so, wie es seiner Natur entspricht. Weil er Gottes Wahrheit gegenüber feindlich eingestellt ist, hat er kein »natürliches« Interesse an einer biblischen Predigt. Im Gegenteil, er wird davon abgestoßen. Darum will der normale Mensch wenig oder nichts mit ernsthafter biblischer Verkündigung zu tun haben, auch wenn manche Menschen wegen der sozialen Kontakte oder aus geschäftlichen Gründen oberflächlich bekennen, Christ zu sein. So jemand kann vielleicht zeitweilig seine Abneigung beherrschen und unterdrücken, anstatt sie offen zu zeigen, doch bleibt er stets ein »natürlicher« Mensch, fern von Gott und im Widerstreit zu seinem Wort. Nichts Übernatürliches ist geschehen, was ihn verändert hätte.

Wenn ein solcher »natürlicher« Mensch aus irgendeinem Grund versucht, eine Bibelstelle zu verstehen, findet er sie schwierig. Er wundert sich darüber, warum Christen mit Interesse die Bibel studieren; er findet es langweilig und uninteressant und sieht keinen Sinn darin. Wir brauchen uns nicht zu wundern, dass die Bills dieser Welt lieber im Bett bleiben, als Pastor Franklin zuhören!

Das dahinterstehende Prinzip gilt in allen Lebensbereichen: Vorurteile (oder andere negative Grundeinstellungen) behindern immer die Kommunikation. Der englische Maler J. M. W. Turner war bekannt dafür, dass er jungen, angehenden Künstlern keine Ratschläge gab – aber nicht etwa, weil er nicht wollte, sondern weil er die Erfahrung gemacht hatte, dass sie nicht die richtige Einstellung hatten, um seine Ratschläge anzunehmen. Wenn dieses Prinzip schon bei relativ unbedeutenden Dingen gilt, wieviel mehr bewahrheitet es sich bei Dingen von ewiger Konsequenz! Die Theateraufführung mag hervorragend gewesen sein, aber das Publikum hat auf ganzer Linie versagt.

Möglicherweise habe ich exakt Ihren Zustand beschrieben. Tatsächlich sind wir alle mit einer sündigen Natur geboren worden, die sich natürlicherweise von Gott und seinem Wort abwendet. Darum gibt es keine Möglichkeit, dass Sie gewinnbringend Predigten hören, wenn Sie nicht Jesus Christus als Ihrem Retter vertrauen und der frohen Botschaft seines Erlösungstodes und seiner Auferstehung glauben.

Um von der Predigt zu profitieren, müssen Sie zu einem *geistlichen* Menschen werden. Der Begriff »geistlich« hat dabei nichts zu tun mit dem Grad oder dem Stand des geistlichen Wachstums, wie manche meinen. Alle echten Christen sind entweder geistlich oder nicht wirklich Christen. Per Definition ist ein Christ jemand, der den Heiligen Geist hat: »Wenn aber jemand Christi Geist nicht hat, der ist nicht sein« (Röm 8,9). Wenn Gott einen Menschen verändert und ihm neues Leben gibt, tut er das, indem er seinen Heiligen Geist in ihn legt und ihn so zu einem geistlichen Menschen macht. Sein Leben ist nun durch den Heiligen Geist motiviert und auf Gott hin ausgerichtet.

»Was kein Auge gesehen und kein Ohr gehört hat und in keines Menschen Herz gekommen ist, was Gott denen bereitet hat, die ihn lieben.« Uns aber hat Gott es geoffenbart durch den Geist, denn der Geist erforscht alles, auch die Tiefen Gottes. … Der geistliche Mensch beurteilt alles … Wir aber haben Christi Sinn. (1Kor 2,9.10.15.16)

Das war es, was mit Bill geschah. Und wenn Sie noch nicht von neuem geboren sind, kann es auch mit Ihnen geschehen. In der Luft, von der Sie umgeben sind, gibt es Funkwellen von Bildern und Klängen, die Sie nicht sehen und hören können, aber wenn Sie das Fernsehgerät einschalten, dann nehmen Sie sie wahr. Ganz ähnlich ist es bei einem natürlichen Menschen. Ohne »Empfangsgerät« kann er Gottes Wahrheit *als Wahrheit* weder sehen noch hören. Gottes Geist ist wie ein Funkwellenempfänger. Wenn Gottes Geist in einem Menschen Wohnung nimmt, ändert sich die Richtung des Lebens und der Geist Gottes befähigt die Person, das ganze Leben aus einer neuen Perspektive zu sehen. Er befähigt den Menschen, zum ersten Mal im Leben auf Gott zu hören. Das Leben erhält eine radikale Neuorientierung. Von dem Moment an, an dem ein Mensch Christus als seinem Retter vertraut, ist er fähig, die Predigt als das zu genießen, was sie wirklich ist: die Botschaft von Gottes ganz persönlichem Segen für den Gläubigen. Tatsächlich ist eines der ersten Anzeichen für eine echte Bekehrung, dass man Hunger hat nach der Verkündigung von Gottes Wort.

Da ist alles sehr wahr, aber dennoch gilt: Die alten Gewohnheiten, Gedanken und Wege, die im natürlichen Zustand entwickelt wurden, bestehen weiterhin fort. Sie hindern weiterhin die Kommunikation, selbst wenn der Christ es sich anders wünscht.[3] Darum müssen wir es lernen, aktiv die alte Lebensweise durch die neue Lebensweise des Hörens auf Gott zu ersetzen. Dieses Buch wurde geschrieben, um Ihnen zu helfen, solche Probleme zu überwinden. Es soll Ihnen dabei helfen, mehr und mehr von der Predigt zu profitieren. Aber alles muss mit der Wiedergeburt durch Gottes Geist beginnen.

»Wie soll ich das denn praktisch konkret tun?«, fragen Sie. Nun, zunächst müssen Sie anerkennen, dass Sie ein Sünder sind. Das bedeutet, dass Sie Gottes Gesetz übertreten haben und als ein Verurteilter vor ihm stehen. Sie haben darin versagt, auf sein Wort zu hören. Sie haben gelebt, als ob Gott nicht existiere und als wären Sie nicht vor ihm verantwortlich. Sie haben gelebt, als hätte er nie etwas über Ihre Verantwortung und Sünde gesagt oder dafür getan. Das ist natürlich nicht wahr. Er tat das Größte, was er tun konnte: Er sandte seinen Sohn Jesus Christus, der für schuldige Sünder wie Sie am Kreuz starb. Und er gab seine feste Zusage: Wenn man darauf vertraut, dass Christus stellvertretend und persönlich für meine Sünden starb, werden mir alle Sünden vergeben. Gott sandte Prediger in alle Welt, um diese frohe Botschaft zu verkünden. Und er sendet seinen Heiligen Geist, um den Seinen ein neues Herz zu geben und ihnen *geistliches* Leben einzuhauchen, damit sie fähig sind, an ihn zu glauben.

---

[3] Ich habe dieses Thema ausführlich in dem Buch *Der innere Krieg* (Berneck: Schwengeler, 1991; orig. *The War Within*) behandelt. Dort erkläre ich, wie man den Krieg zwischen dem Geist und dem Fleisch (der alten Lebensweise) gewinnen kann. Jeder Christ muss diesen Krieg ausfechten, um geistlich zu wachsen.

Vertrauen Sie darauf? Glauben Sie? Haben Sie Sündenvergebung? Haben Sie neues Leben? Wenn nicht, gibt es keinen Grund, jetzt noch weiterzulesen, bevor Sie diese Sache mit Gott in Ordnung gebracht haben. Geistliches Leben ist eine absolut notwendige Voraussetzung, um von der Predigt zu profitieren.

Ich bitte Sie dringend, alle anderen Dinge zur Seite zu legen, bis Sie sicher sind, dass Sie Sündenvergebung und ewiges Leben haben. Nichts ist wichtiger als das. Auf keine andere Weise können Sie Gott ehren, ihm vertrauen und ihm gehorchen. Vergessen Sie die Predigten und die Probleme, die damit zusammenhängen; glauben Sie der guten Nachricht und lassen Sie sich retten. Das ist die gute Nachricht, durch die auch der Apostel Paulus gerettet wurde:

> Dass Christus für unsere Sünden gestorben ist nach den Schriften; und dass er begraben wurde und dass er auferweckt worden ist am dritten Tag nach den Schriften. (1Kor 15,3-4)

Am Kreuz litt er die Strafe für die Sünden all derer, die an ihn glauben. Er erlitt ihr volles Strafmaß. Er starb an ihrer Stelle. Gott weckte ihn von den Toten auf. Damit verdeutlichte er nicht nur, dass er Christi Tod als ausreichendes, stellvertretendes Opfer für ihre Sünden akzeptierte, sondern er sorgte für einen lebendigen Retter im Himmel, bei dem Gläubige in Zeiten der Not und bei allen Problemen Hilfe finden, wenn sie zu ihm beten. Wollen Sie ihm jetzt vertrauen?

* * *

Wenn Sie sich Christus anvertraut haben, sollten Sie sich sofort einer Gemeinde anschließen, in der die Bibel treu gepredigt und ausgelegt wird. Falls Sie sich bei einer Gemeinde unsicher sind, zeigen Sie dieses Kapitel dem Pastor oder den Ältesten. Wenn die Gemeindeleitung dem Evangelium, wie es hier dargestellt wird, zustimmt, ist es wahrscheinlich, dass Sie eine Gemeinde gefunden haben, die das biblische Evangelium verkündet. Wenn Sie noch immer nicht sicher sind, wenden Sie sich an den Herausgeber dieses Buches und er wird versuchen, Ihnen eine bibeltreue Gemeinde in Ihrer Gegend zu nennen.

3

Die persönliche »Predigtvorbereitung«

Wenn der Same erstmal auf dem Feld ausgestreut worden ist, hängt danach alles vom Zustand des Bodens ab. Das sagt uns der Herr im Gleichnis vom vierfachen Ackerboden. Der Schreiber des Hebräerbriefes drückt es so aus:

> Denn auch uns ist eine gute Botschaft verkündigt worden, wie auch jenen; aber das gehörte Wort nützte jenen nicht, weil es bei denen, die es hörten, sich nicht mit dem Glauben verband. (Hebr 4,2)

Das war und ist der Knackpunkt – damals für die Juden in der Wüste, für die Leser des Neuen Testaments und für uns heute. Die Predigt muss *geglaubt werden*. Um nützlich zu sein, muss die Botschaft mit Glauben verbunden werden. Das gilt bei der Errettung, wie wir es im vorherigen Kapitel gesehen haben, und es gilt auch für alles danach. Wenn ein Christ einen Gottesdienst oder eine Veranstaltung besucht, um eine Predigt zu hören, muss er bereit sein, Wahrheit mit Glauben zu vermengen.

Aber bevor der gute Same in die gute Erde gesät wird, muss die gute Erde selbst kultiviert werden. Und die Pflanze muss gepflegt werden. Christi Gleichnis zufolge brachte auch die gute Erde unterschiedliche Frucht hervor: »Anderes aber fiel auf die gute Erde und gab Frucht: das eine hundert-, das andere sechzig-, das andere dreißigfach« (Mt 13,8). Jeder Christ sollte um eine persönliche Rekorderne bemüht sein. Jesus sagte es so: »Hierin wird mein Vater verherrlicht, dass ihr viel Frucht bringt« (Joh 15,8).

Wenn es das ist, was Gott verherrlicht, dann wird deutlich, dass wir danach streben müssen, »viel Frucht zu bringen«.

Die Predigt ist eines der wichtigsten Mittel Gottes, wie er Samen ausstreut und Frucht wachsen lässt. Sie ist auch ein Mittel, um die Frucht zu bewässern und zu düngen. Doch wir müssen uns für diesen »Dienst des Wortes« vorbereiten. Wir müssen die verhärteten Bodenstücke zerbrechen, die sich im Laufe der Woche in unserer Seele gebildet und festgesetzt haben. Wir müssen das Unkraut ausreißen und die gute Erde so präparieren, dass sie den guten Samen aufnehmen kann.

Wenn wir von der Predigtvorbereitung sprechen, denken wir normalerweise an die Vorbereitung des Predigers. Die ist wichtig. Doch in diesem Kapitel geht es um die Vorbereitung des Zuhörers. Die ist genauso wichtig. Beides ist grundlegend. Wenn Sie nicht vorbereitet sind, um die Botschaft aufzunehmen, wird die Vorbereitung des Predigers fruchtlos bleiben. Wie also können Sie sich so vorbereiten, dass Sie den größtmöglichen Gewinn erzielen? Es ist wichtig, sich ernsthaft darum zu bemühen.

Einige einfache Hinweise

Manchmal sind die kleinen Dinge die größten Hindernisse. Weil wir sie als nebensächlich einstufen, behandeln wir sie als unwichtig. Doch sie können äußerst wichtig sein. Der Teufel liebt es, gerade aus solchen Versuchungen Kapital zu schlagen, um gutes Zuhören zu verhindern.

Ausreichend schlafen

Einer der üblichen Einwände heißt: »Die Predigt war zum Einschlafen.« Normalerweise ist das Gegenteil der Fall: Die Hörer schläfern sich selber ein. Wer in der Nacht zuvor genug geschlafen hat, wird am Sonntagmorgen wohl kaum einschlafen. Jesus sprach genau solche vermeintlich kleinen Dinge an wie Müdigkeit. Mehr als einmal sagte er seinen Jüngern, sie sollten »wachen« (wörtlich: »bleibt wach!«, Mt 24,42; 25,41 etc.). Wachsamkeit und Aufmerksamkeit sind wichtig.

Vielleicht haben wir den großen Fehler begangen, unsere Zeit nach weltlichen Maßstäben zu organisieren. Es gibt gute Gründe dafür, dass wir uns in Sachen Zeitplanung am Alten Testament orientieren. Als Gott die Welt schuf, hieß es in dieser ersten Woche des Universums stets: »Und es wurde Abend, und es wurde Morgen: ein Tag« (1Mo 1,5ff.). Bei dieser Betrachtungsweise beginnt ein Tag bereits am Abend. Für die Juden beginnt der Sabbat bei Sonnenuntergang. Vielleicht sollten wir es ihnen gleichtun in Bezug auf den Tag des Herrn. Anstatt den Samstagabend zum Ausgeh-Abend zu machen oder bis spät in die Nacht Filme zu schauen, könnten wir ihn als Beginn des Sonntags betrachten und uns auf den bevorstehenden Gottesdienst vorbereiten. So könnte es eine Zeit werden, in der die Familie nach einer Woche voller Aktivitäten entspannt und rechtzeitig ins Bett geht.

Ich habe mich selbst schon dabei erwischt, wie ich sonntagsmorgens während einer Predigt eingenickt bin, obwohl sie hilfreich und herausfordernd war und ich eigentlich zuhören *wollte*. Ich kann meine Müdigkeit mit keiner Ausrede entschuldigen als nur mit zu wenig Schlaf in der Nacht zuvor.

Landwirte, Handwerker und andere, die die ganze Woche draußen arbeiten, sind für dieses Problem besonders anfällig. Sie sind an reichlich frische Luft gewöhnt. Doch wenn sie mit anderen zusammengepfercht sind und der Sauerstoff knapp wird, dann werden sie leicht schläfrig. Das ist ein ähnliches Phänomen wie bei der Schläfrigkeit an einem offenen Kamin. Das Feuer verzehrt den Sauerstoff im Raum. Genügend Schlaf ist darum grundwichtig für Menschen, die draußen arbeiten, weil sie besonders anfällig dafür sind, in überfüllten Räumlichkeiten einzudösen. Ein guter, starker Kaffee zum Frühstück kann die Aufmerksamkeit noch unterstützen.

Ich erinnere mich, wie ich einmal bei meiner eigenen Predigt eingeschlafen bin – nicht etwa, weil die Predigt so langweilig war (ich wusste, Sie würden das denken!) – sondern weil ich so müde war. Eine ganze Woche lang predigte ich in einer Gemeinde, blieb jeden Abend bis spät in die Nacht auf, redete mit Leuten, stand früh wieder auf und machte tagsüber Besuche. Jeden Tag frühstückte ich woanders und war zum Mittagessen und Abendessen wieder an anderer Stelle. Und das jeden Tag. Täglich wurde das gemästete Kalb geschlachtet, aber am Freitagabend war ich dann das gemästete Kalb!

Während des Gottesdienstes an diesem Abend erwachte ich plötzlich und hörte mich predigen. Ich hatte keine Ahnung, was ich gerade sagte und wie ich den begonnenen Satz beenden wollte. Es war einer dieser panischen Momente, in denen man plötzlich realisiert, dass man beim Autofahren eingeschlafen ist und der Wagen von der Straße abkommt. Eine schreckliche Erfahrung!

Wenn also ein Prediger beim eigenen Predigen einschlafen kann – weil er sich vor Müdigkeit nicht mehr halten kann – dann werden Sie auf der bequemen Kirchenbank erst recht einschlafen können, wenn nicht mehr von Ihnen erwartet wird, als zuzuhören. Stellen Sie also sicher, dass Sie ausreichend geschlafen haben, sonst werden Sie ein schlechter Zuhörer sein. Darauf können Sie sich verlassen.

Bei einer Predigt merkte Bischof Alymer, dass seine Gemeinde unkonzentriert war. Darum zitierte er einige Bibelverse auf Hebräisch. Seine Zuhörer erschraken und sahen ihn erstaunt an. Dann machte er sie darauf aufmerksam, wie unsinnig es ist, mehr an einer fremden Sprache interessiert zu sein als an der Wahrheit, die sie verstehen konnten.[4]

Frühzeitig ankommen

Das Hören auf die Predigt kann dadurch erschwert werden, dass man sich hektisch beeilen musste, um rechtzeitig zur Gemeinde zu kommen. Wenn man nach einer übereilten Fahrt im allerletzten Moment in den Gemeindesaal gebraust kommt, wird die Familie für den Rest des Gottesdienstes unruhig sein.

---

[4] Paul Lee Tan, *Encyclopedia of 7,700 Illustrations* (Rockville: Assurance Publishers, 1984), S. 746.

Kommt noch ein Streit zwischen den Eheleuten dazu, oder zwischen Eltern und Kindern (oder allen zusammen) oder passiert etwas, was die ganze Familie aufhält, dann haben wir alle Zutaten für ein widerliches Gebräu. Schmorende Gottesdienstteilnehmer sind schlechte Zuhörer!

Da sitzt die Mutter nun und fragt sich, was die Sitznachbarn wohl denken. Ihr Mann hatte wutentbrannt das Haus verlassen, sich in den Wagen gesetzt und ließ alle Nachbarn mit lautem Hupen wissen, wie sauer er war. *Weiß er denn nicht, dass es seine Zeit dauert, bis die Kinder angezogen sind? Er hätte mir lieber zur Hand gehen sollen, anstatt seine Hand sinnlos auf die Hupe zu hämmern!*

Er dagegen sitzt kochend auf der Kirchenbank und sinniert über ihre Unpünktlichkeit: *Ich hatte beinahe einen Unfall, weil ich so rasen musste! Nur weil sie immer so trödelt! Und dann beschwert sie sich auch noch über meinen Fahrstil! Au Mann! Wenn sie jeden Sonntag konstant zehn Minuten zu spät aus dem Haus kommt, könnte sie auch konstant zehn Minuten früher fertig sein – wenn sie nur wollte.*

Anstatt sich in gegenseitigen Schuldzuweisungen zu ergehen, könnte dieses Ehepaar seine Kraft dazu aufwenden, um gemeinsam eine Lösung dieses Problems zu erarbeiten. Vielleicht sollten sie früher zu Bett gehen, damit sie am nächsten Morgen den Tag früher beginnen können. Vielleicht könnten sie ein einfacheres Frühstück zu sich nehmen, das weniger Zeit beansprucht. Vielleicht Frühstücksflocken aus dem Schrank statt Brötchen vom Bäcker und gebackenen Schinken. Der Mann könnte seiner Frau helfen, die Kinder anzuziehen. Die Frau könnte sich darum bemühen, pünktlich zu sein. Kleinigkeiten, die in letzter Minute erledigt werden müssen, könnten schon am Vorabend besorgt werden. Die Kleider könnten am Samstagabend bereitgelegt werden. Vielleicht könnten die älteren Kinder sogar den jüngeren helfen.

Wenn Sie in einem ausgeruhten und entspannten Zustand zum Gottesdienst kommen, ohne sich über frühmorgendliche Krisen aufregen zu müssen, werden Sie sich in einem aufnahmebereiteren Geisteszustand befinden.

Ausreichend Frühstücken

Während die einen ihr Frühstück am Sonntagmorgen etwas kürzen müssen, um Zeit zu sparen, werden andere es als Hilfe empfinden, gut zu essen. Wer mit einem leeren Magen zum Gottesdienst kommt, wird leicht nervös und unruhig. Sie werden sich dabei ertappen, wie Sie das Ende der Predigt nicht abwarten können, um endlich nach Hause zu gehen und etwas zu essen. Hungrige Hörer sind schlechte Hörer. Weder Nervosität noch quälende Bedürfnisse dienen dem Zuhören. Ganz besonders sollten diejenigen, die auf Diät sind, in dieser Sache behutsam sein. Vielleicht sollte man das Frühstück am Sonntagmorgen besser zur diätfreien Zone erklären.

Weitere Vorbereitungen

Den Predigttext im Voraus anschauen

Wann immer der Pastor eine Predigtreihe im Voraus ankündigt oder durch ein ganzes Bibelbuch predigt, kann es nützlich sein, den Textabschnitt vorher zu lesen und sich Gedanken dazu zu machen. Vielleicht bietet sich gerade der Samstagabend dazu an, wie ich es oben erwähnt habe, um sich dem Predigttext zu widmen.

Wie gehen wir dabei vor? Nun, einerseits können wir den Predigtabschnitt des bevorstehenden Sonntags in verschiedenen Übersetzungen lesen. Notieren Sie sich etwaige Unterschiede, was die Predigt für Sie nachvollziehbarer macht. Zusätzlich könnten Sie in einem oder zwei Kommentaren nachlesen, was Ausleger zu diesem Text zu sagen haben. Eine gute Gelegenheit, Ihre Bibliothek zu erweitern besteht darin, Bibelkommentare passend zu den jeweiligen Predigtreihen und dabei behandelten Bibelbüchern anzuschaffen.

Notieren Sie sich Fragen und Probleme, die Ihnen beim Studium aufkommen. Wenn Sie sich diese Gewohnheit aneignen und darin geübt sind, werden Sie bald merken, dass Sie dem Prediger viel konzentrierter zuhören. Sie werden nach Parallelen zu Ihren eigenen Studienergebnissen suchen und nach Antworten auf Fragen Ausschau halten, die Sie sich beim Lesen des Textes gestellt haben. Vielleicht wird der Prediger etwas herausstellen, das Sie übersehen haben, während Sie wiederum Dinge entdeckt haben, von denen er nichts sagt. Als Resultat wird seine Botschaft, unterstützt und ergänzt durch Ihr Studium, eine reichere Erkenntnis zur Folge haben. Das wäre ohne gegenseitige Ergänzung nicht möglich.

Ein solches vorbereitendes Textstudium sollte uns außerdem veranlassen, dass wir uns konkrete Situationen vorstellen, wie der Text angewendet werden kann. Aber vielleicht fehlt Ihnen die richtige Idee dazu. Wenn das der Fall ist, werden Sie wiederum gespannt der Predigt zuhören, um hoffentlich zu entdecken, wie der Bibeltext in einer konkreten Situation angewendet werden kann. Und Sie werden bald die Freude der aktiven *Teilnahme* kennenlernen, statt nur die Rolle des Zuschauers einzunehmen. Wenn Sie schon immer mit ernsthaftem Bibelstudium beginnen wollten, aber nicht wussten wie, kann diese Methode die zündende Motivation liefern. Mehr als nur einmal wird der Prediger einen klärenden Gedanken zu einem Punkt sagen, über den Sie lange gegrübelt haben – selbst wenn er den Punkt nicht so ausführlich erklärt, wie Sie es gerne gehabt hätten.

Wie auch immer – selbst wenn der Pastor nicht auf Ihre persönlichen Fragen zum Text eingeht, macht allein Ihre gespannte Erwartungshaltung Sie zu einem aufmerksameren Zuhörer. Und natürlich können Sie später bei Ihrem Prediger gerne nachhaken. Die meisten Prediger freuen sich, wenn Gemeindeglieder hinterher über die Predigt diskutieren wollen – sofern es ihnen wirklich darum geht, den Text besser zu verstehen.

Doch sollten Sie vorsichtig sein, damit Sie nicht Dinge aus dem Text herausquetschen, die dort nicht vorhanden sind, und sich nachher darüber beschweren, weil der Pastor in seiner Predigt nichts über Ihre Lieblingsinterpretation gesagt hat. Denn nicht nur Prediger reiten ihre persönlichen Steckenpferde – auch Sie können in die gleiche Falle treten. Seien Sie darum sorgfältig darum bemüht, die Heilige Schrift das sagen zu lassen, was sie sagt. Lesen Sie nichts hinein, was nicht im Text steht. Und setzen Sie den Prediger nicht mit eigenen, überstrapazierten Deutungsversuchen unter Druck.

Wenn Leute sich beschweren: »Aus dieser Predigt habe ich nicht viel mitnehmen können«, bin ich versucht zu fragen: »Nun, wieviel haben Sie denn für die Predigt mitgebracht?« Wir bekommen normalerweise so viel, wie wir erwarten und wie es unserer Vorbereitung entspricht.

Gebet

Gebet für den Prediger, für die Gemeinde und für sich selbst ist wichtig. Zeit nehmen, um dafür zu beten, kann man sich z. B. am Samstag, wenn man sich selbst auf den Predigttext vorbereitet. Natürlich sollten Sie auch während der Woche für den Pastor (oder die Ältesten, Prediger) beten, während er die Predigt vorbereitet.

Ich werde später noch mehr auf das Gebet in Verbindung mit der Predigt eingehen. An dieser Stelle möchte ich nur daran erinnern, wie wichtig das Gebet grundsätzlich ist. Warum ist das Gebet so notwendig? Weil das, was am Sonntagmorgen während der Verkündigung des Wortes Gottes geschieht, mehr als bloß ein Vortrag ist. Die Predigt ist nicht das Gleiche wie eine lehrreiche Dokumentarsendung im Fernsehen; sie ist einzigartig. Sie ist eine Zeit, in der Gott durch sein Wort und mittels eines von ihm bestimmten Boten zu seinem Volk spricht. Gott ist auf eine ganz spezielle Weise gegenwärtig und wirkt an den Anwesenden. Gott will, dass wir ihn darum bitten, dass alle Beteiligten von seinem Reden profitieren. Unsere Gebete für den Prediger und die Gemeinde können den Unterschied ausmachen zwischen einer Larifari-Predigt und einer Predigt, die die Gemeinde erweckt.

Während der Erweckung in Wales im Jahr 1859 besuchte ein walisischer Prediger einen Freund und sagte: »Pastor Johnston, ich denke, die Prediger *predigen* alle viel besser als früher.«

Johnston antwortete: »Vielleicht *hören* die Leute einfach viel besser zu als früher.«

»Das mag sein«, sagte der walisische Prediger, »aber ich denke, sie sollten auch erheblich besser predigen«.

»Warum?«

»Weil die Leute nun alle für die Prediger beten.«[5]

Zweifellos hatten beide Männer Recht. Wenn Gott ernsthaftes Gebet erhört, predigen Prediger besser und die Zuhörer hören besser zu. Und je besser die Prediger predigen und die Zuhörer zuhören, desto mehr wird gebetet. Wenn der Prozess erst einmal in Gang gesetzt ist, läuft er von selbst weiter.

Regelmäßigkeit

»Und er ging nach seiner Gewohnheit am Sabbattag in die Synagoge« (Lukas 4,16).

Gewohnheitsmäßiger Gemeindebesuch ist in vielerlei Hinsicht hilfreich, um auf die Verkündigung des Wortes Gottes zu hören. Wenn Sie nur gelegentlich teilnehmen, fühlen Sie sich wahrscheinlich unbehaglich und unwohl und haben das Gefühl aufzufallen. »Werden mich die Leute fragen, wo ich so lange war? Werden Sie mit Hintergedanken sagen: »Schön, dich zu sehen, Sally?« Eine solche Befangenheit kann sehr vom Zuhören ablenken.

Außerdem beeinträchtigt eine unregelmäßige Teilnahme das Zuhören, wenn der Prediger fortlaufend durch ein Bibelbuch predigt oder eine systematische Predigtreihe hält. Die Kontinuität wird dadurch unterbrochen. Wenn Sie aus legitimen Gründen nicht dabei sein können, besorgen Sie sich eine Aufnahme oder ein schriftliches Manuskript, um die Predigt in der folgenden Woche zu hören bzw. zu lesen.

Ich wiederhole: Unregelmäßige Teilnahme ist Ungehorsam gegenüber Gott: »Lasst uns aufeinander achthaben ... indem wir

---

[5] William Gibson, *The Year of Grace* (Edinburgh: Oliphant, Anderson & Ferrier, 1909), S. 88.

unser Zusammenkommen nicht versäumen, wie es bei einigen Sitte ist ...« (Hebr 10,25). Wer nicht mit »aufrichtigem Herzen ... und voller Gewissheit des Glaubens« (Vers 22) und einem guten Gewissen zu Gott kommt, kann die Predigt nicht so aufnehmen, wie er sollte. Wenn wir nur unregelmäßig in der Gemeinde anwesend sind, »nähern« (ebenfalls Vers 22) wir uns Gott vermutlich nicht in der Geisteshaltung, die dazu notwendig ist. Wenn das Ihr Problem ist, tun Sie Buße und tun Sie Ihre »ersten Werke« gemäß Ihrer »ersten Liebe« (Offb 2,4-5).

Natürlich könnte ich noch viel mehr darüber sagen, wie man sich auf die Predigt vorbereitet. Aber ich möchte nicht, dass Sie sich zu viel auf einmal vornehmen – insbesondere, wenn Sie dieses Buch in einer Gruppe lesen und den Inhalt Woche für Woche praktisch umsetzen wollen. Außerdem möchte ich als Nächstes über die sehr wichtige Aufgabe reden, *sich selber* geistlich vorzubereiten, damit Sie in der richtigen Geisteshaltung an die Botschaft herangehen. Das ist so elementar notwendig, dass dieses Thema ein eigenes Kapitel verdient.

4

Die grundsätzliche Geisteshaltung

Am Ende von Kapitel 3 sagte ich unter dem Abschnitt Regelmäßigkeit etwas Wichtiges über die Geisteshaltung des Hörers. In diesem Kapitel möchte ich näher darauf eingehen. Wenn jemand mir sagt: »Aus dieser Predigt habe ich nicht viel mitnehmen können«, bin ich wie gesagt versucht zu fragen: »Nun, wieviel haben Sie denn für die Predigt mitgebracht?« Oder noch deutlicher: »Was haben Sie mitgebracht, um etwas von der Predigt mitzunehmen?« Was meine ich damit? Wenn Sie zu einem Brunnen gehen, ist es sinnvoll einen sauberen, leeren Eimer mitzunehmen. Wenn Sie mit einem Eimer kommen, der mit einer von Bakterien wimmelnden Brühe gefüllt ist, diese in den Teich leeren und dann wieder einen Eimer voll herausschöpfen, werden sie nur verseuchtes Wasser schöpfen. Wenn Sie in die Gemeinde kommen mit Vorurteilen gegen den Prediger, gegen seine Ansichten oder gegen seine Verkündigung als solches, werden Sie garantiert Fehler finden, ganz egal, was er sagt oder wie er es sagt. Er wird keine Chance haben. Sie werden Ihre Haltung in die Predigt gießen und sie so von Anfang an kontaminieren.

Mit welcher Geisteshaltung kommen Sie zum Gottesdienst? Hörer mit einer schlechten Einstellung sind schlechte Hörer.

Die richtige Grundeinstellung

Natürlich bringen wir alle unsere Grundeinstellung (unsere Voreingenommenheit, Neigung, unsere tendenziösen Vorurteile) mit. Es gibt keine Möglichkeiten, unsere Herzen und unser Denken zu vollkommener Neutralität zu entleeren. Und selbst wenn das möglich wäre, wäre es nicht einmal wünschenswert.

Als Christen sollten wir eine auf Gott ausgerichtete Grundeinstellung haben – in allem, was wir tun. Wir brauchen eine *biblische Grundeinstellung* – eine von der Bibel bestimmte Voreingenommenheit. Wie können wir nur bei irgendetwas, was wir tun, Gott aus unserem Denken ausschließen? Dadurch würden wir nur schlimme Fehler begehen und sündigen. Gott zu ehren heißt tatsächlich, alles in einem auf Gott ausgerichteten Denken zu tun und ihm dabei die Ehre zu geben, die ihm gebührt. Wenn das schon für alltägliche Dinge gilt, wieviel mehr gilt es dann für die sonntägliche Zusammenkunft mit ihm und das Hören seines Wortes?

Ungeachtet aller anderen Faktoren müssen wir den Prediger als das anerkennen, was er ist – als ein Bote Gottes. Das ist die biblische Grundeinstellung, die unser ganzes Denken über den Prediger prägen sollte. Wie Paulus sagte, ist er ein »Mensch Gottes« (2Tim 3,17). Paulus schrieb an die Thessalonicher:

> Wir bitten euch aber, Brüder, dass ihr die anerkennt, die unter euch arbeiten und euch vorstehen im Herrn und euch zurechtweisen, und dass ihr sie ganz besonders in Liebe achtet um ihres Werkes willen. (1Thes 5,12-13)

Wir müssen den Prediger also »um seines Werkes willen« respektieren. Das heißt, wir müssen quasi ein »positives Vorurteil« gegenüber seiner Botschaft haben. Das muss ja so sein, denn wir sollen ja auch eine biblische Grundeinstellung gegenüber seinem Amt als Botschafter haben. Ein Botschafter ist jemand, der eine Botschaft eines anderen übermittelt – in diesem Fall von Gott. Der Christ mit der richtigen Geisteshaltung respektiert den Botschafter um seines Dienstes willen, zu dem er berufen wurde, weil er weiß, wen der Botschafter repräsentiert.

»Das mag sein, aber was ist, wenn der Botschafter ein schlechter Prediger ist?«

Ich werde dem Thema »Umgang mit mangelhaften Predigten« später ein ganzes Kapitel widmen. Doch für den Augenblick sollten Sie trotz solcher Einwände einfach bedenken, wessen Botschafter der Prediger ist. Ihn geringzuschätzen heißt, den geringzuschätzen, der ihn gesandt hat. Denken wir daran, dass Jesus sagte: »Wer euch hört, hört mich; und wer euch verwirft, verwirft mich; wer aber mich verwirft, verwirft den, der mich gesandt hat« (Lk 10,16).

Was auch immer ansonsten noch über die Botschafter Gottes gesagt werden kann, muss uns auffallen, dass Jesus sich selbst und den Vater eng mit seinen Botschaftern identifiziert. Den Botschafter zu verwerfen bedeutet, Gott zu verwerfen.

Unsere Aufgabe ist es darum, uns vorzubereiten, um eine Botschaft von Gott zu empfangen – durch seinen beglaubigten Botschafter. Sie müssen mit einer positiven Grundhaltung gegenüber Gott und dem Wort, das sein Botschafter übermittelt, zu der Predigt kommen. Und wenn der Prediger tatsächlich schlecht predigt? Entschuldigt das unsere Weigerung, richtig zuzuhören? Haben wir deshalb das Recht, schlechte Zuhörer zu sein? »Ich denke nicht. Aber wie kann ich die richtige Grundeinstellung entwickeln?«

Zunächst: Bedenken Sie die Tatsachen, die ich soeben erwähnt habe. Bedenken Sie außerdem, dass Sie in die Gemeinde gehen, um Gott anzubeten. Dazu gehört als wesentlicher Bestandteil, auf das zu hören, was Gott uns zu sagen hat. Sicherlich ist Gottes Wort wichtiger als alle Worte von Menschen. Wenn Sie einem Repräsentanten des US-Präsidenten zuhören würden, der gekommen ist, um Ihnen eine wichtige Botschaft des Präsidenten zu übermitteln, dann würden Sie ihm sicher Ihre volle Aufmerksamkeit schenken. Und Sie würden aufmerksam zuhören, was er zu sagen hat, selbst wenn der Repräsentant schlecht aussieht oder schlecht redet. Schließlich darf eine Nachricht des Präsidenten nicht auf die leichte Schulter genommen werden. Aber wie ist das bei einer Botschaft vom Schöpfer des Universums? Wieviel mehr sollten wir ihm unsere ganze Aufmerksamkeit schenken, ganz gleich, wer seine Botschaft übermittelt!

Es ist möglich, dass Sie mit dem US-Präsidenten in einigen Punkten nicht einer Meinung sind; vielleicht hegen Sie sogar einige Vorurteile gegen ihn. Aber selbst dann werden Sie ihn vermutlich wegen seines hohen Amtes in Ehren halten und darum auch seinen Repräsentanten respektieren. Einmal bin ich dem früheren US-Präsidenten Jimmy Carter begegnet: Er kam an Bord eines Fluges von Atlanta nach Los Angeles. Er ging durch den Mittelgang und schüttelte jedem Passagier die Hand. Obwohl ich mit vielem nicht einverstanden war, was er als Präsident getan hat, sah ich es doch als Ehre an, die Hand eines Mannes zu schütteln, der das Amt des Präsidenten der Vereinigten Staaten von Amerika innegehabt hatte. Natürlich sind Sie nicht anderer Meinung mit Gott – es sei denn, Sie leben in Rebellion gegen ihn. Doch selbst dann sollten Sie ihm so zuhören, wie Sie einem eindrucksvollen und respekteinflößenden Feind zuhören würden!

Doch ich nehme an, Sie sind ein Christ und kein Feind Gottes. Aber vielleicht geht es Ihnen wie vielen von uns: Wir haben mit verschiedenen Sünden zu kämpfen. In diesem Fall müssen Sie es vor allem lernen, zwischen dem Botschafter, seiner überbrachten Botschaft und demjenigen, von dem die Botschaft stammt, zu unterscheiden. Lassen Sie Ihre Voreingenommenheit gegenüber dem Botschafter nicht zur Voreingenommenheit gegenüber Gott werden. Selbst wenn Sie etwas gegen den Prediger haben (und auch das müssen Sie z. B. gemäß Epheser 4,26 und Galater 6,1 ändern), können Sie berechtigterweise nichts gegen Gott haben. Im Gegenteil sollte Ihre Achtung vor Gott und seinem Wort Ihren Respekt gegenüber dem Prediger verstärken – selbst wenn Sie aus welchen Gründen auch immer voreingenommen gegen ihn sind.

In seiner Kurzgeschichte »Die Predigt und der Imbiss« erzählt C. S. Lewis von einem Prediger, dem aufmerksam zugehört wurde, bis er sagte:»Und so muss das häusliche Leben die Grundlage unseres nationalen Lebens sein.« Lewis schreibt:

Und als er sprach, bemerkte ich, dass der Vertrauensvorschuss aller Anwesenden von ihm wich ... Nun begann das Husten und das Räuspern ... Die Predigt war für die meisten von uns praktisch zu Ende. Ich dachte: *Wie kann er nur? Ausgerechnet er?* Ich kannte das häusliche Leben dieses Predigers sehr gut.[6]

Sicher ist es schwierig, solche Probleme zu vermeiden. Sie schleichen sich einfach ein. Doch gute Zuhörer erlauben nicht, dass solche Dinge sie am Zuhören hindern. Sie schauen hinter den Botschafter, und was noch wichtiger ist, sie schauen auf den Einen, von dem die Botschaft kommt.

Was der Prediger sagte, mag der Wahrheit entsprochen haben; tatsächlich scheint es, dass Lewis dem Mann grundsätzlich zustimmte. Andernfalls wäre er nicht so hart gegen den Prediger gewesen. Es kann tatsächlich sein, dass der Prediger sehr wohl um seine eigenen Familienprobleme wusste und versuchte, die anderen zu warnen und ihnen zu helfen. Lewis und die anderen Gemeindeglieder, die zu husten und sich zu räuspern begannen, waren schlechte Zuhörer. Es ist möglich, dass sie eine wichtige Botschaft von Gott verpassten. Ihr Fokus war nicht auf Gott gerichtet, sondern auf den Prediger und seine Schwächen.

Ich spreche hier nicht von der Verantwortung des Predigers. Natürlich sollte er das Evangelium mit einem Leben in Heiligkeit schmücken. Und er muss alles tun, damit er niemandem Anstoß gibt (weil er weiß, dass sogar C. S. Lewis-Typen abgelenkt werden können, wenn er zum Anstoß ist). Doch wenn wir die Sache aus der Perspektive des Hörers betrachten, sind wir als Zuhörer dafür verantwortlich, dass wir über den Botschafter hinaus auf die Botschaft des Herrn achten.

Unvoreingenommen und aufgeschlossen?

Man redet von Unvoreingenommenheit, als sei sie tatsächlich möglich. Beim Thema Grundeinstellung und Voreingenommen-

---

[6] C. S. Lewis, »The Sermon and the Lunch«, in: *The Grand Miracle* (New York: Ballentine Books, 1970), S. 161.

heit, stellt sich die Frage, wie wir persönlich zu Wahrheit und Irrtum stehen. Ich werde später aus anderer Perspektive noch darauf zurückkommen. Hier möchte ich nur betonen, dass wir tatsächlich unvoreingenommen und aufgeschlossen sein müssen – nämlich *gegenüber der Heiligen Schrift*. Der einzige Weg, wirklich aufgeschlossen zu sein, ist aufgeschlossen gegenüber einer *bestimmten Sache* – und nicht offen für alles zu sein. Ein offener Geist[7] speziell für die Bibel ist die richtige Grundeinstellung. Christen sind aufgerufen, ihre Grundeinstellung richtig zu wählen. Vom Garten Eden an hat Gott stets zwei Wege dargelegt. Es gibt nicht viele Wege, sondern grundsätzlich nur zwei: den schmalen und den breiten Weg. Gottes Weg und alle anderen Wege. Den falschen Weg sollen wir meiden: den eigenmächtigen Griff zum Baum der Erkenntnis von Gut und Böse, den Fluch des Berges Ebal, die im Gesetz verbotene Unreinheit und die Ratschläge der Gottlosen. Stattdessen ruft er uns zum Baum des Lebens, zum Segen des Berges Garizim, zur im Gesetz erklärten Reinheit, und zu seinem Wort, über das wir Tag und Nacht nachdenken sollen.

Unvoreingenommen und aufgeschlossen für etwas zu sein, bedeutet, sich anderen Dingen zu *verschließen*. Im Verlauf der Bibel finden wir immer wieder diese grundlegende Antithese zwischen Gottes Weg und allen anderen Wegen. Er spricht von Himmel und Hölle, von den Geretteten und den Verlorenen, von denen, die drinnen und denen, die draußen sind, Wahrheit und Irrtum, Leben und Tod, Licht und Dunkelheit, Gerechtigkeit und Sünde usw. Und er ruft uns immer auf, das Erstere zu wählen und das Letztere zu verwerfen.

Das ist die richtige Grundeinstellung: eine Voreingenommenheit für Gottes Weg.

Und diese Voreingenommenheit bedeutet, dass wir an alle Dinge mit dem Wunsch herangehen sollen, Gottes Weg zu wählen und alle anderen Wege zu verwerfen. Tatsächlich war das Urchristentum unter dem Namen »der Weg« bekannt. Denn ne-

---

[7] Engl. *open mind* bedeutet »Unvoreingenommenheit«, das Thema dieses Abschnittes (Anm. des Übersetzers).

ben allen anderen von Menschen angeboten Optionen hat Gott den einzig wahren Weg zum Leben in Jesus offenbart. Er sagt: »Ich bin der Weg, die Wahrheit und das Leben« (Joh 14,6; vgl. Apg 4,12). Diese antithetische Voreingenommenheit, zu der wir berufen sind, um Gott in allen Dingen zu würdigen und zu ehren, resultiert sowohl in einer Aufgeschlossenheit als auch einer Verschlossenheit, einem offenen und einem verschlossenen Geist. Der Christ sollte aufgeschlossen für alles sein, was Gott sagt und mit seinem Wort übereinstimmt. Gleichzeitig sollte er verschlossen und abgeneigt sein gegen alles andere.

Darum lautet die richtige Einstellung zur Predigt von Gottes Wort: »Ich will alles wissen und lernen, was Gott mir sagt.« Der Prediger kann zwar die Botschaft Gottes mehr oder weniger verunreinigen, und das ist ein Problem, dem wir uns in einem späteren Kapitel widmen werden. Doch hier geht es um das Thema der richtigen Einstellung. Mit welcher Haltung gehen Sie an die Predigt heran? Hören Sie zu, um Fehler in der Botschaft zu entdecken, wie manche es gerne tun? Oder hören Sie zu, um Wahrheit zu entdecken? Entgeht Ihnen die Wahrheit, weil Sie so sehr damit beschäftigt sind, Irrtümer aufzuspüren? So dürfen Sie nicht an die Predigt herangehen. Es ist eine Frage der Ausrichtung. Worauf liegt Ihr Augenmerk, was fokussieren Sie – Fehler zu finden oder Wahrheit zu lernen?

Sie sagen vielleicht: »Nun, wenn man nicht weiß, was Irrtum ist, wird es schwer sein, die Wahrheit zu entdecken.« Ja klar. Aber bedenken wir: Bankangestellte werden nicht darin trainiert, wie sie Falschgeld erkennen. Stattdessen konzentrieren sie sich auf die echten Banknoten. Wenn sie auf diese Weise durch und durch mit dem Wahren, Echten vertraut werden, lernen sie gleichzeitig Falschgeld zu erkennen. Ganz ähnlich wird es uns ergehen. Wenn wir uns eifrig darauf fokussieren, uns alles anzueignen, was Gott uns gibt, entwickeln wir eine Haltung, die nach immer mehr Wahrheit strebt: »Kaufe Wahrheit und verkaufe sie nicht, dazu Weisheit und Zucht und Verstand« (Spr 23,23).

Es ist eine Frage unserer grundsätzlichen Orientierung. Grundsätzlich sind wir entweder mehr an der Wahrheit oder

mehr am Irrtum interessiert. Manche behaupten, Wahrheits-
liebhaber zu sein, aber in Wirklichkeit lieben sie, Irrtümer zu
entdecken. Unter dem Vorwand nach Wahrheit zu suchen, sind
sie nichts weiter als Irrtums-Detektoren. Eine wahrhaft christliche Haltung dagegen hungert und dürstet nach immer mehr von
Gottes Wahrheit. Das verdeutlichen die folgenden Verse:

> Ich bin dein, rette mich! Denn ich habe nach deinen Vor-
> schriften gesucht. (Ps 119,94)
> Dein Knecht bin ich; gib mir Einsicht, so werde ich deine
> Zeugnisse erkennen. (Ps 119,125)
> Ich freue mich über dein Wort wie einer, der große Beute
> macht. (Ps 119,162)
> Siehe, ich sehne mich nach deinen Vorschriften! Belebe
> mich durch deine Gerechtigkeit. (Ps 119,40)
> Öffne meine Augen, damit ich schaue die Wunder aus dei-
> nem Gesetz. (Ps 119,18)

Mit seinem Fokus auf der Suche nach Wahrheit konnte der Psal-
mist nur ausrufen: »Aus deinen Vorschriften empfange ich Ein-
sicht. Darum hasse ich jeden Lügenpfad!« (Ps 119,104) Das ist die
richtige Reihenfolge. Die Abscheu gegen alles Falsche im Denken
und Leben soll ganz natürlich aus der Freude an der Wahrheit re-
sultieren. Als Jesus den Jüngern »den Verstand öffnete« (wie es in
Lukas 24,45 wörtlich heißt), machte er sie »aufgeschlossen« dafür,
die Schriften im Hinblick auf ihn zu verstehen. Und einige Verse
zuvor macht er die Emmaus-Jünger aufgeschlossen dafür, »ihn
in den Schriften zu erkennen« (24,31-32). Dieses Öffnen des Ver-
stands in Lukas 24 hat immer mit der Heiligen Schrift zu tun.
Wenn Christus den Menschen das Verständnis für die Schrift
öffnet, sehen sie ihn »in allen Schriften« und »ihr Herz brennt in
ihnen«! (24,32) Bitten Sie Gott, dass er durch den Heiligen Geist
Ihren Geist und Verstand ebenfalls in genau dieser Weise öffnet.

Der Christ muss also eine Haltung entwickeln, die gegenüber Gottes Wahrheit offen, aber gegen Irrtum verschlossen ist
– genau anders herum wie die Geisteshaltung des Ungläubigen,

der gegenüber der Wahrheit verschlossen ist, aber dem Irrtum Tür und Tor öffnet. Jeder ist mit seiner Geisteshaltung offen gegenüber bestimmten Dingen und verschlossen gegenüber anderen. Das ist eine Frage der eigenen Entscheidung und Kultivierung. Mit welcher grundsätzlichen Geisteshaltung gehen Sie an die Predigt heran? Haben Sie einen sauberen, leeren Eimer zum Brunnen von Gottes Wahrheit mitgebracht?

5

Erwartungen, Denkweise und geistlicher Zustand

Wissen und Lernen sind nicht moralisch neutral. Diese Annahme ist einer der großen Irrtümer des modernen Denkens. Selbst Christen sehen diesbezüglich oft nicht klar. Christliche Pädagogen fragen selten nach der Lernfähigkeit von Wiedergeborenen im Unterschied zu Nichtchristen oder eines Christen, der mit Gott lebt im Unterschied zu einem, der nicht mit Gott lebt.[8] Pädagogen setzen einfach voraus, dass alle Menschen auf die gleiche Weise unterrichtet werden könnten. Aber das können sie nicht. Jesus sagte: »Wer aus Gott ist, hört die Worte Gottes. Darum hört ihr nicht, weil ihr nicht aus Gott seid« (Joh 8,47; vgl. 8,43 und 1Jo 4,6).

Lernen ist eine moralisch-geistliche Angelegenheit. Ob wir Wahrheit lernen, hängt vom Heiligen Geist ab. Er befähigt uns, die Wahrheit »zu empfangen« und sie in unser Alltagsleben zu integrieren, wie wir in Kapitel 2 sahen. Aber es ist ebenso wahr, dass ein Christ, dessen Beziehung zu Gott gestört ist, einfach nicht in der richtigen Lage ist, um die Wahrheit aufzunehmen oder danach zu handeln. Er muss zuerst Buße über die Sünde tun, die zwischen ihm und Gott steht.

Gott ist kein kosmischer Getränkeautomat, von dem wir erhalten, was wir wollen und wann wir es wollen, indem wir einfach den richtigen Knopf drücken. Er ist eine Person. Wir müs-

---

[8] Siehe dazu Jay E. Adams, *Back to the Blackboard* (Phillipsburg: Presbyterian & Reformed Publishing Co., 1982), S. 57ff.

sen in der richtigen Beziehung zu ihm stehen, um von seinem Wort zu profitieren. Jakobus schreibt an Christen:

> Er bitte aber im Glauben, ohne irgend zu zweifeln; denn der Zweifler gleicht einer Meereswoge, die vom Wind bewegt hin und her getrieben wird. Denn jener Mensch denke nicht, dass er etwas von dem Herrn empfangen werde ... (Jak 1,6-7)

Hier sehen wir, dass Zweifel ein Hindernis für das Gebetsleben ist. Gott möchte, dass wir ihm vertrauen, wenn wir ihn um Dinge bitten, die wir brauchen. Er möchte, dass wir ihm vertrauen und glauben, dass er unsere Bitten erhören kann und dass er das in der bestmögliche Weise tun wird – sei es in Form eines »Ja«, eines »Nein« oder eines »nicht jetzt, sondern später«.

Zweifel sind eine moralische Angelegenheit. Wie bei Adams erster Sünde, bedeutet Zweifel, Gottes Wort in Frage zu stellen. Zweifel schaffen zwischen uns und Gott ein Problem, das gelöst werden muss. Das Problem kann aber nicht einfach auf der intellektuellen Ebene gelöst werden, indem man sich mehr Fakten beschafft, sondern – wie Jakobus verdeutlicht – nur durch Buße:

> Naht euch Gott! Und er wird sich euch nahen. Säubert die Hände, ihr Sünder, und reinigt die Herzen, ihr Wankelmütigen! Fühlt euer Elend und trauert und weint; euer Lachen verwandle sich in Traurigkeit und eure Freude in Niedergeschlagenheit! Demütigt euch vor dem Herrn! Und er wird euch erhöhen. (Jak 4,8-10)

Ganz ähnlich ist es, wenn Sie eine Predigt hören und dabei an Gottes Wort zweifeln. Meinen Sie etwa, dass der Geist Gottes Sie automatisch etwas lehren und Sie verändern wird, nur, weil Sie unter der Verkündigung des Wortes Gottes gesessen haben? Ihre Beziehung zu Gott muss dafür in Ordnung sein. Sie müssen Ihm glauben. Sie müssen mit einer empfänglichen Geisteshaltung zu ihm kommen. Sie müssen willig sein und alles von Gott lernen wollen und bereit sein, das Gelernte in Ihrem Leben umzusetzen.

Jede geringere Herangehensweise wird wahrscheinlich völlig wirkungslos bleiben.[9]

Das ist im Grunde das, was Paulus mit seiner Aussage meinte, dass ein Ältester »lernfähig« sein muss (1Tim 3,10).[10] Was für den Ältesten als Vorbild der Herde gilt, sollte auch für alle Gläubigen gelten. Lernfähigkeit ist eine fundamentale Voraussetzung des Lernens. Sie beinhaltet mehr als nur den Wunsch, neue Dinge zu erfahren (wie die Athener es lieben, Apg 17,21). Neugier gehört zwar auch zur Lernfähigkeit, ist aber längst nicht genug. Man muss den brennenden Wunsch haben, Gott besser kennenzulernen, ihm immer mehr zu gefallen, ihm angemessener zu dienen. Das ist die Basis biblischer Lernfähigkeit. Viele Menschen sind begierig, mehr zu lernen – die natürliche Neugier zu befriedigen, durch mehr Wissen auch mehr Macht zu erlangen usw. Doch Lernen ist eine moralisch-geistliche Angelegenheit, weil es eine Frage der Motive ist. Was ist Ihr Motiv, wenn Sie einer Predigt zuhören? Das ist die entscheidende Frage.

Wenn Ihr Motiv in Ordnung, Ihr Herz demütig und Ihre

---

[9] Ich sage »wird wahrscheinlich wirkungslos bleiben«, weil die Predigt an sich als Mittel dazu bestimmt ist, rebellische und zweifelnde Christen zu Buße und zu größerem Vertrauen in Gottes Zusagen aufzurufen. Darum kann es sehr wohl sein, dass eine Predigt, für die Sie eigentlich nicht bereit waren, das Werkzeug ist, das Gott braucht, um Sie willig zu machen, auf ihn zu hören. Doch ungeachtet dessen ist es Ihre Verantwortung, mit einem Herzen, das Gott liebt und seinem Wort vertraut, zur Predigt zu kommen (»... das gehörte Wort nützte jenen nicht, weil es bei denen, die es hörten, sich nicht mit dem Glauben verband«, Hebr 4,2). Chrysostomos beschwerte sich einmal über die Menschen, die »nicht darauf achteten«, was er sagte und die seinen Worten »keine Aufmerksamkeit schenkten.« Dennoch hoffte er, »sie für einen besseren Geisteszustand zu gewinnen« (Homilie 3 über Genesis).

[10] Das Wort kann sowohl mit »lernfähig« als auch mit »lehrfähig« übersetzt werden. Angesichts der anderen Minimalanforderungen für einen Ältesten in Titus 1 und Timotheus 3 (der Älteste schlägt Leute nicht mit seinen Fäusten, betrinkt sich nicht, hat nur eine Frau usw.), scheint »lernfähig« die wahrscheinlichere Übersetzung zu sein. Auf jeden Fall aber kann niemand andere lehren, wenn er selber nicht die Fähigkeit besitzt, belehrt zu werden und zu lernen. Eine fundamentale Fähigkeit eines guten Lehrers ist es, beständig selber lernen zu wollen und zu können.

Beziehung zu Gott in Ordnung ist, dann werden Sie bereit sein, zuzuhören, aber nur dann und sonst nicht. Und darum ist es wichtig, nicht in die Gemeinde hereinzustürzen, nachdem Sie im letzten Augenblick aus dem Bett gekrochen, einmal durch die Küche gerannt und in den Wagen gesprungen sind – wie die Comicfigur Dagwood Bumstead, der notorisch zu spät zur Arbeit kommt. Es ist wichtig, sich einige Zeit vorher dafür vorzubereiten, Gottes Botschaft zu empfangen. Es kann sogar sein, dass ein Problem so ernst ist, dass Sie sich am Vortag Zeit dafür nehmen müssen, um mit Gott ins Reine zu kommen. Wenn das nicht möglich ist, sollten Sie vielleicht Ihren Pastor um ein seelsorgerliches Gespräch bitten. Wie auch immer, die Hauptsache ist, dass Sie vorbereitet sind: Sie gehen in die Gemeinde, um Gottes persönliche Botschaft für Sie zu hören!

Erwartungen

Obwohl noch viel mehr über unseren geistlichen Zustand geschrieben werden könnte, soll dies für jetzt genügen. Eng verwandt mit diesem Thema ist die Frage der Erwartungen. Wenn Sie mit der Haltung in der Gemeinde sitzen: »Ach ja, ich tippe, dass wir heute Morgen wieder Mal eine langweilige Predigt zu erwarten haben«, dann werden Ihre Erwartungen sehr wahrscheinlich erfüllt werden. Wenn Sie sich aber sagen: »Heute Morgen hat Gott eine Botschaft für mich, die mein Leben verändern soll«, dann wird auch diese Erwartung sicher erfüllt.

Die Begeisterung an einer Predigt ist nicht vom Angebot an Neuigkeiten oder Sensationen abhängig, sondern von wahrer Lebendigkeit des Wortes Gottes, das in der Kraft des Heiligen Geistes treu verkündigt wird (1Kor 2,1-3). Doch falsche Erwartungen können die Wahrheit ersticken. Erwarten Sie etwas Frisches, etwas Wichtiges, etwas Begeisterndes – von *Gott!*

Die Israeliten überredeten ihre Freunde, dem Propheten Hesekiel in der Erwartung zuzuhören, dass er »ein Liebeslied singt, eine schöne Stimme hat und gut zu spielen versteht (Hes 33,32).

Aber das war das falsche Motiv. Sie wollten unterhalten werden. Sie waren weder daran interessiert, was Hesekiel zu sagen hatte, noch waren sie bereit, Gottes Wort zu gehorchen. Ihre Herzen waren auf »Liebesverlangen« und »unrechten Gewinn« aus (Vers 31) und Gott sagte zu Hesekiel über sie: »Sie hören deine Worte, doch sie tun sie nicht« (Vers 32).

Wenn es uns mehr um den Prediger geht als um Gott – auch wenn der Prediger für seine Redekunst bewundert und gelobt wird –, dann kommen wir aus einem falschen Grund in die Gemeinde. Gegen solche Motive sprach Christus in der Synagoge von Nazareth harte Worte. Dort verurteilte er die Synagogenbesucher, weil sie darauf schauten, dass er der »gute Junge aus dem Dorf« war (Lk 4,22), statt auf seine Botschaft zu hören, die er an sie richtete. Deshalb entging ihnen die gewaltige Wahrheit, die er verkündete. Wenn es also schon falsch ist, von dem Prediger als Person eine gute und unterhaltsame Predigt zu erwarten, weil man ihn eben für einen guten oder unterhaltsamen Prediger hält, dann ist es erst recht falsch, wenn wir negative Erwartungen gegen den Prediger hegen.

Um es auf den Punkt zu bringen: Wenn Sie eine Predigt hören, müssen Sie sich nur eines fragen: Was hat Gott mir zu sagen? Blicken Sie auf Gott. Betrachten Sie die Predigt nicht nur als eine Kommunikation zwischen Ihnen und dem Prediger, sondern zwischen Ihnen und Gott. Der Prediger ist ein Mittel zu diesem Zweck. Gehen Sie zur Predigt und erwarten Sie ein Wort von Gott, das Ihr Leben verändern wird, wenn Sie ihm gehorchen.[11] Weniger dürfen Sie nicht erwarten.

Ich bin lange genug Gemeindemitglied um zu wissen, wie enttäuschend eine holprige oder oberflächliche Predigt sein kann. Doch wenn Sie ein aufmerksamer Hörer sind, der darauf bedacht

---

[11] Wenn Sie sich vor Veränderung fürchten oder Veränderung lieber vermeiden, weil Sie peinlich sein könnte (z. B. aufgrund von Stolz), werden Sie die Predigt natürlich langweilig finden, weil Sie neue Einsichten, unbequeme Wahrheiten, aufgebrochene Klischees usw. herausfiltern werden. Doch in einem solchen Fall sind Sie der Langweiler und nicht der Prediger.

ist, eine Botschaft von Gott zu empfangen, werden sie selten enttäuscht nach Hause gehen. Selbst in dem seltenen Fall, dass die Predigt eine einzige Katastrophe ist, können Sie etwas tun, um Ihre Erwartungen zu erfüllen. Darauf werde ich in einem späteren Kapitel zurückkommen.

Die Denkweise

Zum Thema Denkweise (wie wir »ticken«) könnten wir viele Aspekte behandeln. Hier möchte ich nur eine Sache erwähnen: einen kindlichen Charakter (nicht zu verwechseln mit einem *kindischen* Charakter). Jesus sprach oft von dieser Eigenschaft und sagte: »Wahrlich, ich sage euch, wenn ihr nicht umkehrt und werdet wie die Kinder, so werdet ihr keinesfalls in das Reich der Himmel hineinkommen« (Mt 18,3). Welchen Wesenszug des Kindes meint Jesus hier? Vermutlich mehr als nur einen. Aber die besondere Eigenschaft, die in unserer so hoch (ein-) gebildeten Gesellschaft besonders notwendig ist, ist eine neue Offenheit für neue Fakten, kombiniert mit einer Bereitschaft zum Glauben. Diese Kombination befähigt zum Staunen.

Diese Fähigkeit zum Staunen und diesen Sinn für das Wunderbare müssen wir uns zu allen Zeiten bewahren. Der Verlust dieser Fähigkeit ist eine Hauptursache für die vermeintliche Langeweile, die man meint, wenn man etwas als »alten Hut« bezeichnet. Der bekannte Prediger Frank W. Boreham schrieb über die Notwendigkeit des kindlichen Staunens:

Und doch war es letzten Endes vermutlich größtenteils meine eigene Schuld, dass mir die besagte Predigt so bedeutungslos vorkam. Es gibt solch gewaltige Erstaunlichkeiten im christlichen Evangelium, die meine schwerfällige Seele mit Bewunderung anheizen und mich mit Erstaunen erfüllen sollten, selbst wenn sie schlecht verkündigt werden. Die Tatsache, dass ich so uninteressiert zuhörte, zeigte, dass ich gleichgültig geworden war. Ich war blasiert und teilnahmslos – wie ein

Soldat im Schützengraben, der die explodierenden Granaten um sich herum nicht mehr wahrnimmt. Ich war wie ein Zuschauer, der zwar einen Platz in einem Theater besetzt, aber gerade dann einschläft, wenn die Sache spannend wird.[12]

Die blasierte, überhebliche Gesinnung (»Das kenne ich alles schon«) ist nicht nur für den Soldaten im Schützengraben gefährlich, sondern auch für den Zuhörer in der Kirchenbank. Es ist immer gefährlich, Gott und sein Wort als selbstverständlich zu betrachten.

Wir leben in einer Welt erstaunlicher Entdeckungen. Ich tippe dieses Manuskript auf einem Computer. Das ist eine erstaunliche technische Errungenschaft! Aber ich habe gelernt, ihn als selbstverständlich zu betrachten. Vielleicht liegt das Problem genau darin: Wir haben uns an so viele erstaunliche Dinge um uns herum gewöhnt. Und so gewöhnen wir uns auch an die erstaunlichen Worte von Gott. Was kann dagegen getan werden?

Die Antwort lautet, den kindlichen Charakter, den Sie einst hatten, wiederzuerlangen. Studien haben gezeigt, dass Kinder bessere Zuhörer sind als Erwachsene.[13] Erwachsene haben gelernt, nicht zuzuhören. Als Sie ein Kind waren, war jeder Grashalm und jeder krabbelnde Käfer darauf, jede Blattader und jede Schneeflocke eine hinreißende Entdeckung. Ihre Augen und Ohren standen weit offen für die umgebende Welt. Nur wenige Dinge gingen unbemerkt an Ihnen vorbei. Die Lichter in der Nacht faszinierten Sie. Der wirbelnde Abendwind in Ihrem Haar begeisterte Sie. Doch heute sind Sie in viel wichtigere Dinge vertieft. Sie haben gelernt, vieles in Ihrer Umgebung zu verdrängen und auszublenden. Auch diese Fähigkeit kommt von Gott. Sie ist nicht unbedingt falsch. Manche Träumer, die es in dieser Welt

---

[12] F. W. Boreham, *Faces in the Fire* (New York: Abingdon, 1919), S. 22. Wie Chrysostomos einst sagte: »So wie der Hunger ein Zeichen körperlicher Gesundheit ist, so ist das Interesse am Zuhören göttlicher Aussprüche ein sicherer Hinweis geistlicher Gesundheit« (Homilie über Genesis).

[13] Lewis Anderson, *The Speaker and His Audience* (New York: Harper & Row, 1964), S. 161.

zu nichts gebracht haben, wurden einfach von dieser Fähigkeit des Staunens überwältigt. Das meine ich nicht. Aber die meisten neigen zum anderen Extrem. Und das ist genauso schlecht: Wenige Dinge schockieren, erstaunen, bremsen uns, um innezuhalten und nachzudenken. Das ist schlecht. Sehr schlecht. Lesen wir Matthäus 11,25 (vgl. auch Lk 10,21):

> Zu jener Zeit begann Jesus und sprach: Ich preise dich, Vater, Herr des Himmels und der Erde, dass du dies vor Weisen und Verständigen verborgen und es Unmündigen geoffenbart hast.

Der Hurrikan Hugo zerstörte 1989 die Jungfraueninseln, Puerto Rico und die US-Küste von North-Carolina bis Florida. Das Loma-Prieta-Erdbeben 1989 an der Bucht von San Francisco war das stärkste Beben seit 1906 und erschütterte die Nation. Es braucht Ereignisse dieses katastrophalen Ausmaßes, um Menschen heute zu beeindrucken. Vielleicht ist das einer der Gründe, warum Gott solche Dinge in seiner Vorsehung zulässt! Sie wecken uns auf und rütteln uns aus unserer Lethargie und stellen die technisch-kulturelle Arroganz in Frage, die uns so blasiert hat werden lassen.

»Ich verstehe«, sagen Sie vielleicht. »Tatsächlich erfahre ich das in meinem eigenen Leben. Aber wie kann ich diese Haltung überwinden?«

Hier zwei Vorschläge:

1.) Lernen Sie, die Bibel gründlich und tiefgreifend zu studieren.
2.) Lernen Sie, all die Wunder um Sie herum neu wertzuschätzen als Teil der Schöpfung des allmächtigen Gottes und als Ergebnis seiner Vorsehung.

Die meisten Christen lesen ihre Bibel nur oberflächlich. Sie denken, dass sie schon alle Erkenntnis zusammengetragen haben, wenn sie ein paar Predigten gehört und einige einfache Bücher gelesen haben. Sie tauschen in Hauskreisen ihre Unwissenheit aus und schreiben oberflächliche Antworten in die dafür vorgesehenen Lücken ihrer Studienbroschüren, die ihnen beibringen, wie man die Bibel *nicht* gründlich studiert.

Was Sie brauchen, ist gründliches Bibelstudium, Vers für Vers und Bibelbuch für Bibelbuch. Hier ist nicht der Platz, um das zu vermitteln. Dazu verweise ich z. B. auf mein Buch über Bibelstudium.[14] Oder vielleicht bitten Sie Ihren Pastor, einen Kurs für Sie und andere Interessierte durchzuführen. Mein Punkt ist: Sie werden nur schwerlich gelangweilt sein können, wenn Sie beginnen, etwas von der Vielfalt der Bibel zu entdecken, für die Ihnen vorher der Blick fehlte. Sie werden sich bestimmt nicht mehr langweilen, wenn Sie anfangen, sich mit den Problemen des Verstehens und Auslegens auseinanderzusetzen, die alle erfahren, die die Bibel *studieren*. Sie werden sich nicht mehr langweilen, wenn Sie Gottes Willen immer mehr erkennen und mit Ihren schwachen Versuchen vergleichen, Ihr Leben nach dem herrlichen Vorbild des gerechten Lebens Christi auszurichten. Bei einem solchen Bibelstudium werden Sie fortwährend über neue Wahrheiten stolpern und neue Erkenntnisse und praktische Anwendungen für Ihr Leben entdecken. Und Sie werden ausgestattet mit einem frischen Interesse und einer neu gewonnenen Fähigkeit zur nächsten Predigt gehen. Ein gründliches Bibelstudium mit kluger Methodik wird das kindliche Staunen und Bewundern zu neuem Leben erwecken.

Mein zweiter Vorschlag lautet: Lernen Sie all die Wunder der Schöpfung und Vorsehung Gottes um Sie herum neu wertzuschätzen. Der Schlüssel dazu ist, den Computer (oder was auch immer) nicht nur als eine Erfindung von Menschen zu betrachten – was eben zu einer blasierten, gleichgültigen Haltung führt – sondern zu erkennen: Diese Erfindung hat Gott in seiner Vorsehung zu diesem Zeitpunkt hervorgebracht, um seine Absichten zu verwirklichen. Und nochmals: Sehen Sie Gott als

---

[14] Jay Adams: *What to do on Thursday* (Phillipsburg: Presbyterian & Reformed Publishing Co., 1982). Deutschsprachige Alternativen: R. C. Sproul, *Bibelstudium für Einsteiger;* H. u. W. Hendricks, *Bibellesen mit Gewinn.*

aktiv Handelnden in unserer Gesellschaft. Fragen Sie sich: Wie kann ein Computer für die Verbreitung des Evangeliums eingesetzt werden? Wie kann ich ihn in meinem begrenzten Umfeld zu Gottes Ehre einsetzen und andere Menschen segnen? Denken Sie über den Computer so, wie wir heute über die Druckerpresse denken, die einst durch Gottes Vorsehung gerade dann erfunden wurde, als die Reformation sich den Buchdruck zunutze machte, um die Wahrheit zu verbreiten.

Beginnen Sie, die Welt als Gottes Meisterstück wahrzunehmen und das Alltagsleben als seine Hand, die hier und jetzt am Werke ist. Erkennen Sie, dass »die Erde des HERRN ist und ihre Fülle, die Welt und die darauf wohnen« (Ps 24,1). Mit anderen Worten: Fangen Sie an, von Neuem zu erkennen, dass Gott aktiv dabei ist, die Welt und alles in ihr zu leiten und zu erhalten. Erkennen Sie, dass er selbst den Zorn des Menschen in Lob verwandelt (Ps 76,11). Wenn Sie die Welt mit dieser kindlichen Haltung wahrnehmen und sich auf Gottes Gegenwart, seine Größe und seine Allgegenwart im Leben einlassen, werden Sie dieses kindliche Staunen wiedererlangen. Tatsächlich werden Sie noch mehr vom Leben fasziniert sein als ein Kind, weil Sie nun bei allen Dingen von Gott fasziniert sein werden. Die Lethargie wird verschwinden, das mühsame Leiern der Routine wird aufhören und das Leben wird einen neuen Glanz erhalten. Dann werden Sie zur Predigt gehen, um mehr über diesen erstaunlichen Gott zu erfahren, dessen Worte und Werke Sie die ganze Woche über verfolgt haben, begleitet von ergiebigem Bibelstudium. Ihre Sinne werden darin geübt sein, sich der Gegenwart Gottes bewusst zu werden. Sie werden lernen wollen, wie Sie ihm noch mehr gefallen können. So werden Sie die angemessene Denkweise haben – richig »ticken« –, um von Predigten am besten zu profitieren. Sie werden strahlend vor Glück zurückkommen.

6

Mitdenken, damit die Botschaft ankommt

Es mag überflüssig sein, das zu erwähnen, aber der einzige Zweck des Zuhörens ist es, die Botschaft zu erfassen. Doch wenn Sie an einem Sonntag nach dem Gottesdienst eine Handvoll Gemeindeglieder fragen würden, was heute Gottes Botschaft war, könnten Ihnen vermutlich nur einige wenige die richtige Antwort geben. Schuld daran ist nicht nur der Prediger. Während Jesu irdischem Wirken verstanden die Leute seine Botschaft häufig falsch oder haben sie falsch interpretiert. Wenn das beim Meister passiert, können seine Diener sicher nicht mehr erwarten.

Zusammenfassende Sätze

Ich schlage Ihnen vor, während jeder Predigt stets zu versuchen, Gottes Botschaft in den Versen zu entdecken, auf denen die Predigt basiert. Versuchen Sie diese Botschaft in einem Satz zusammenzufassen und schreiben Sie diesen Satz am besten auf. Wenn Sie dazu nicht imstande sind, ist es zweifelhaft, ob Sie die Botschaft wirklich verstanden haben.

Wie können solche zusammenfassenden Sätze aussehen? Sie müssen nicht hochtrabend sein. Sie können in der Gemeinde in Rohform aufgeschrieben und zu Hause überarbeitet werden. Sie dienen dazu, Ihnen die Woche über zum Nachdenken zu verhelfen. Hier sind einige einfache Beispiele:

- Gott will, dass ich fröhlich gebe.

- Gott ermahnt mich, ihm in Zeiten des Leidens zu vertrauen.
- Gott ruft mich auf, über meine Zweifel Buße zu tun.

Sie werden bemerkt haben, dass ich in all diesen Sätzen die Worte *Gott* und *mich* verwendet habe. Das unterstützt die Tatsache, dass die Predigt ein persönlicher Austausch ist, der uns als Empfänger einer Botschaft unseres Schöpfers und Erlösers verantwortlich macht.

Wenn Sie solche treffenden und knackigen Sätze bei oder nach der Predigt aufschreiben können, dürfen Sie sicher sein, dass die Botschaft bei Ihnen angekommen ist. Und eine solche Selbstverpflichtung wird Sie dazu bringen, besser zuzuhören und sich weniger ablenken zu lassen. Und diese Verpflichtung wird Ihnen helfen, die Botschaft in einem kurzen, leicht zu merkenden Satz zu formulieren, an den Sie sich später wieder erinnern können.

Offensives Zuhören

Sie werden bemerkt haben, dass ich Sie mit diesem Vorschlag bitte, zu *arbeiten!* Das ist für viele Christen eine ganz neuartige Vorstellung. Viele denken, die Predigt sei eine Zeit des Zurücklehnens, des passiven Zuhörens, in der der Prediger die ganze Arbeit macht. Aber gutes Zuhören ist nicht passiv; es verlangt Fleiß. Wirkungsvolles Zuhören erfordert eine offensive mentale Aktivität: »Das Herz des Verständigen *erwirbt* Erkenntnis, und das Ohr der Weisen *sucht* Erkenntnis« (Spr 18,15; Hervorhebungen durch den Autor).

Die beiden Verben in diesem Satz *erwirbt* und *sucht* beschreiben eine kraftvolle geistige Aktivität, die von einem starken Wunsch motiviert ist. Zuhörer sollen nicht die faule und lässige Geisteshaltung eines Stubenhockers (einer »Couchpotato«) vor dem Fernseher einnehmen. Ihre bloße Anwesenheit wird nicht dazu führen, dass Sie die Wahrheit durch einen Prozess geistlicher Osmose in sich aufnehmen. Denn die Definition von Osmose ist:

Eine Flüssigkeit sickert durch eine feinporige Membran (dünne Scheidewand) in eine stärker konzentrierte Lösung von Flüssigkeit und verdünnt diese. Die Membran ist zwar für die Flüssigkeit selbst, *nicht* aber für die darin gelöste *Substanz* durchlässig. Ein Hören wie Osmose *verdünnt* nur unseren Geistesgehalt.

Es gibt eine legendäre Geschichte über den US-Präsidenten Calvin Coolidge, einem wortkargen Mann, der auch als »Silent Cal« (»schweigender Cal«) bekannt war. Eines Tages kam er vom Gottesdienst nach Hause und wurde von seiner kranken Frau gefragt: »Worum ging es in der Predigt?«

Calvin antwortete: »Um Sünde.«

Seine Frau bohrte weiter: »Was sagte der Prediger darüber?«

»Er war dagegen«, antwortete Calvin.

Sie sollten fähig sein, jede Botschaft in ähnlich knappen Sätzen zusammenzufassen. Jene, die sich beschweren, geistlich »nicht richtig ernährt zu werden«, meinen oft eigentlich, dass sie nicht *mit dem Löffel gefüttert* worden sind. Sie erwarten, dass der Prediger ihnen die Botschaft nicht nur mundgerecht serviert, sondern auch noch in den Mund hineinsteckt. Sie erwarten, dass er den Abschnitt speziell und ganz exakt auf ihre Situation anwendet, alle möglichen Fragen beantwortet sowie verschiedene passende Anwendungen und Praxisbeispiele vorschlägt. Mit anderen Worten: Sie erwarten, dass er die ganze Arbeit tut. In ihrem Egoismus vergessen sie, dass es noch andere Leute in der Gemeinde gibt und dass der Prediger nicht einzig und allein an sie denken kann. Ich hatte Frauen in der Gemeinde, die sich beklagten, zu viele meiner Illustrationen bezögen sich auf Männer. Gleichzeitig beklagten sich andere, dass sich zu viele meiner Illustrationen auf Frauen bezogen. Die erste Gruppe denkt, ich kümmere mich nur um Männer. Die zweite Gruppe denkt, ich sei sexistisch und schätze Frauen gering. (Diesen Vorwurf höre ich sogar, wenn meine Illustrationen die Frauen in das beste Licht rücken!) Mit solchen Zuhörern kann man nur verlieren. Von ihnen zu erwarten, dass sie allgemeine Prinzipien auf ihre konkreten Lebensumstände anwenden, ist zu viel verlangt. Das wäre Arbeit für sie! Darum behaupten sie einfach: »Wir werden nicht ernährt.«

Und oft beschweren sich die gleichen Leute, wenn der Prediger ein Beispiel bringt, das falsch angewendet werden kann, wenn man die Kernaussage missversteht (oder uminterpretiert). Doch selbst Christus fürchtete sich nicht davor, ein Gleichnis von einem ungerechten Richter zu erzählen, das manche so auslegen könnten, als werde Gott als ungerechter Richter dargestellt (Lk 18,2-8). Er schliff die Kanten dieser Geschichte nicht glatt, indem er erklärte: »Nun, versteht mich nicht falsch, ich will Gott nicht als ungerechten Richter darstellen. Sondern ich möchte mit dieser Geschichte nur sagen, dass ihr anhaltend beten sollt.«

Nein. Er erwartete, dass seine Zuhörer ihr von Gott geschenktes Gehirn gebrauchten, um selbst darauf zu kommen.

Jesus tat das die ganze Zeit. Er sprach zum Beispiel davon, Vater, Mutter, Bruder und Schwester zu hassen und sich Hände und Füße abzuhacken. Er erzählte ein Gleichnis, indem er sich mit einem harten Meister verglich, der nahm, was ihm nicht gehörte und erntete, was er nicht gesät hatte – und alles ohne die geringste Zusatzerklärung oder Relativierung. Er wollte diese lebendigen, kraftvollen und einprägsamen Bilder nicht durch Beifügungen zerstören. Hätte er es doch getan, wäre das so, als würde man bei einem Witz am Ende die Pointe erklären. Er ließ diese Gleichnisse und Dutzende anderer ähnlicher Redeweisen unerklärt – mit dem Risiko, dass er von denkfaulen Leuten falsch verstanden wird und dass pingelige Erbsenzähler und Leute, die immer das Haar in der Suppe suchen und nun eine Ausrede brauchen, um ihr Leben nach gemäß dem Wort Gottes zu ändern, seine Aussagen verdrehen. Wer wie Christus predigt, fordert die Menschen auf, ihr Gehirn mit in die Gemeinde zu bringen – und es zu benutzen und anzustrengen.

Viele Gemeinden tun sich heute schwer, mit solcher Art von Predigten umzugehen. Man möchte sich nicht die Mühe machen, das Stilmittel der Hyperbel (eine rhetorische Übertreibung, eines der sprachlichen Lieblingsmittel von Jesus) sowie Redewendungen, bildhafte Rede oder sonstige rhetorische Mittel zu verstehen. Manche sind nicht einmal zufrieden, sich mit dem Löffel füttern zu lassen; sie wollen zur Nahrungszufuhr an den Tropf gelegt werden!

Allein schon dieser Lieblingsbegriff *ernährt werden* drückt Passivität aus.[15] Erwachsene müssen nicht ernährt werden. Führe sie zum grünen Gras, und sie werden sich selber ernähren. Das ist die Art und Weise, wie der Prediger die Herde ernähren bzw. weiden und hüten soll. Doch so wie manche Leute diesen Begriff oft gebrauchen, deutet alles darauf hin, dass sie unreif sind und daher danach verlangen, dass andere das Denken für sie übernehmen. Reife Christen haben es gelernt, sich zur Predigt hinzusetzen wie an einen Esstisch, die Garnele zu ergreifen, sie geschickt zu schälen und dann zu essen.

In Hebräer 5 bezeichnet der Schreiber die faulen Christen als Säuglinge, die »es nötig haben, dass man sie lehre, was die Anfangsgründe der Aussprüche Gottes sind« (Hebr 5,12). Denn sie sind »unerfahren im Wort der Gerechtigkeit« (V. 13; Schlachter, Luther u.a.) und ihre Sinne nicht geübt, Gutes und Böses voneinander zu unterscheiden (V. 14).

Solche Leute, sagt der Hebräerbriefschreiber, sind »im Hören träge geworden« (V. 11). Das Wort *träge* bedeutet »schwerfällig«. Im medizinischen Kontext bedeutet es manchmal »komatös«. Nicht nur Prediger sind träge! Wenn wir eine Predigt als träge empfinden, kann es dann vielleicht sein, dass das mindestens zum Teil an unserer eigenen Trägheit liegt?

Als Jesus sagte: »Seht nun zu, wie ihr hört« (Lk 8,18), ermahnte er uns damit auch, aktiv und eifrig auf Gottes Botschaft zu achten. Tatsächlich verlangte er: »Hört und versteht!« (Mt 15,10). Aber verstehen erfordert nachdenken und nachdenken bedeutet Arbeit. Dieser Prozess wird mit dem englischen Verb *attend* be-

---

[15] Im engl. Original »fed« (von »to feed«), gefüttert bzw. gespeist werden. Das ist unter US-Evangelikalen offenbar eine beliebte Redensart und Beschreibung für geistliche Nahrung durch Predigten. Der Ausdruck beruht auf Apg 20,28 und 1Petr 5,2, wo die Ältesten aufgefordert werden, die »Herde zu weiden« (engl. »feed the flock«). Das griechische Wort für »weiden« bezeichnet die gesamte Tätigkeit eines Hirten: hüten, schützen, pflegen, hegen, weiden, füttern (Anm. des Übersetzers).

schrieben. Die Herkunft (Etymologie) dieses Wortes sagt alles. Das Wort stammt von den zwei lateinischen Worten *ad* (»zu«) und *tendo* (»strecken« oder »biegen«). Englisch *to attend* (etwas beachten) bedeutet darum, den Verstand über etwas, was ein anderer sagt, zu strecken, zu biegen, zu beugen. Es bedeutet, sich mit allen geistigen und geistlichen Kräften nach der Bedeutung einer Botschaft zu strecken und zu verrenken. Das Wort beschreibt also eine starke geistige Anstrengung, um etwas richtig zu verstehen.

Die Worte *Betrachter* und *Zuschauer* beschreiben das genaue Gegenteil. Vermutlich weil wir uns die moderne Fernseh-Unkultur angeeignet haben, kommen heute viele in die Gemeinde, stellen ihren Verstand ab, lungern passiv in der Kirchenbank und erwarten, dass der Prediger die ganze Arbeit macht. Prüfen Sie sich, lieber Bruder, liebe Schwester: Sind sie schuldig, die Sonntagsversion der typischen Fernsehsessel-Couchpotato geworden zu sein? Wann sollten Sie Ihre volle Aufmerksamkeit einschalten, um jemand anderem zuzuhören? Ist es nicht dann, wenn jemand eine Botschaft von Gott verkündet?

Eine schlecht organisierte Predigt zusammenfassen

Angenommen, Sie haben die Vorteile erkannt, Gottes grundlegende Botschaft in einem knackigen Satz zusammenzufassen, aber die Predigt scheint mehr als nur eine einzige Botschaft zu enthalten und ist weder einheitlich noch zusammenhängend. Manche Prediger stecken zu viele Gedanken in eine Predigt und sagen unterm Strich sehr wenig über ein bestimmtes Thema. Entweder haben sie zu wenig Material, oder sie haben nie gelernt, dass man mit weniger mehr sagen kann. Was immer der Grund sein mag, kann es tatsächlich sein, dass wir des Öfteren einer Botschaft zuhören, die in Wirklichkeit aus mehreren Botschaften besteht. Was können wir tun?

Natürlich haben wir viele Optionen. Hier ein Vorschlag: Notieren Sie einen zusammenfassenden Satz für jede der zwei oder drei Botschaften, die in der Predigt enthalten sind. Dann wählen Sie einen dieser Sätze aus, auf den Sie Ihr Denken, Ihr Beten und Ihr tägliches Leben ausrichten, über den Sie sich in der kommenden Woche Gedanken machen und entsprechend beten wollen. Obwohl diese Art der Predigt gewöhnlich eher schwach ist, können Sie durch ein wenig Arbeit auch von einer solchen Predigt profitieren. Sie können die Botschaft wählen, die zu Ihrer speziellen Situation gerade am besten passt. Dann besorgen Sie sich einige Kommentare, biblische Wörterbücher und weiteres hilfreiches Studienmaterial zum Thema (aus Ihrem eigenen Bücherschrank, aus der Gemeindebibliothek, leihen Sie es von Geschwistern oder kaufen es neu). Anschließend feilen Sie an der Botschaft weiter, die der Prediger nicht gründlich genug auslegen konnte, weil er zu viele Dinge auf einmal vermitteln wollte.

Zusätzlich können Sie den Prediger ansprechen oder sich zu einem verabredeten Termin mit ihm zusammensetzen, um weiter über die Botschaft zu diskutieren, die Sie sich ausgesucht haben. Wenn Sie Ihre Hausaufgaben gemacht und sich vorbereitet haben, könnten Sie eine Liste von Fragen mitnehmen, die seine Botschaft sowie Ihr nachträgliches Studium und Ihre Reflektion aufgeworfen haben, die er aber in seiner Botschaft nicht beantwortet hat. Auf diese Weise werden Sie genauso viel profitieren, wie wenn der Prediger nur eine einzige Botschaft gründlicher gepredigt hätte. Und außerdem werden Sie fähig, konkrete Fragen[16] zu formulieren, die Ihre eigene Lebenssituation betreffen. Außerdem wird Ihr Prediger möglicherweise lernen, künftig weniger Punkte, diese dafür mit mehr Tiefe, zu behandeln – wenn Sie oder andere Gemeindeglieder solche Nachgespräche öfters suchen. (Aber achten Sie darauf, Ihren Pastor nicht zu überlasten.)

Aber beachten Sie auch hier: All das erfordert Arbeit. Die Art des Zuhörens, die ich meine und empfehle, ist ein Zuhören wie die Beröer: Die Beröer »waren edler als die in Thessalonich;

---

[16] Die Lösung liegt nicht immer darin, Antworten zu finden – so wichtig das auch sein mag. Manchmal ist es wichtiger, die richtigen Fragen zu stellen.

sie nahmen mit aller Bereitwilligkeit das Wort auf und untersuchten täglich die Schriften, ob dies sich so verhielte« (Apg 17,11). Sie studierten täglich die Bibel in Bezug auf die Predigten von Paulus. Sie waren keine bloßen Zuschauer oder ein passives Publikum – sie waren aktive Teilnehmer der Predigt. Sie gingen davon aus, dass sie auch eine Rolle hatten und eine Verantwortung übernehmen sollten, und das taten sie – *täglich*. Ihr Zuhören war aktive Arbeit. Kein Wunder, dass so viele zum Glauben kamen!

Nach Anhaltspunkten und Schlüsselthemen suchen

»Aber wie kann ich die Botschaft erfassen? Ich war in der Schule nie gut in diesen Sprachfächern.« Ich mache Ihnen einen Vorschlag, der vielleicht helfen kann: Halten Sie Ausschau nach Anhaltspunkten oder Schlüsselthemen. In einem interessanten Experiment wurden Probanden gebeten, sich eine beschädigte Tonbandaufnahme eines Vortrags anzuhören. Zunächst konnten sich die Zuhörer überhaupt keinen Reim auf die Wortfetzen machen. Doch nachdem ihnen der Anhaltspunkt gegeben wurde, dass es sich um einen Schneider handelt, der über einen Anzug redet, verstanden sie auf einmal einiges, obwohl die Aufnahme nur bruchstückhaft war.[17]

Manchmal können Sie schon vor Beginn der Predigt nach Hinweisen Ausschau halten, die Sie benötigen, um die Hauptbotschaft zu erfassen. Schauen Sie auf den Gottesdienst-Handzettel. Gibt der Titel einen Hinweis? Wie sieht es mit dem Bibeltext aus, der vor der Predigt gelesen wurde? Was sagen die Lieder, die gesungen wurden? Viele Pastoren achten sehr darauf, dass die verschiedenen Teile des Gottesdienstes mit der Botschaft des Tages harmonieren. Oft wird ein Vers eines Liedes besonders betont, über die der Teilnehmer nachdenken soll.

---

[17] Lewis Anderson, *The Speaker and His Audience* (New York: Harper & Row, 1964), S. 156.

Alle diese Elemente können reichhaltige Quellen für Anhalts-
punkte sein.

Manchmal können wir sogar schon vor der Predigt wissen,
worum es gehen wird. Wenn Ihr Pastor fortlaufend durch ein
Bibelbuch predigt, warum lesen Sie nicht das nächste Kapitel im
Voraus? Und wenn Predigttitel oder -thema vorher bekannt sind
(z. B. angekündigt im Gemeindeblatt), dann sehen Sie vorher
nach. Sie könnten auch im Voraus über die Botschaft nachdenken und einige Fragen aufschreiben, die Ihnen dazu in den Sinn
kommen. Wenn Sie diese Fragen am Sonntag mitnehmen, kann
das helfen, die Hauptrichtung der Botschaft zu erfassen. Und
wiederum. All das bedeutet, dass Sie ein wenig arbeiten müssen!

Verschiedene Arten von Botschaften

Es ist hilfreich zu wissen, dass eine Predigt grundsätzlich in mindestens eine von drei Kategorien fällt (die sich nicht unbedingt
gegenseitig ausschließen). Die Botschaft wird in der Hauptsache
entweder

a) informativ,
b) überzeugend (darauf drängend, etwas zu glauben oder zu verwerfen) oder
c) motivierend (darauf drängend, etwas zu tun) sein.

Eine gute überzeugende Botschaft beinhaltet natürlich Information, die mit der Bibel begründet wird. Und eine gute motivierende Botschaft beinhaltet auch Überzeugungskraft, die uns
emotional anrührt. Jede gute Botschaft ist dazu da, um Sie auf
die eine oder andere Art zu verändern. Fragen Sie sich selbst: *Wie
will Gott mich durch das Hören dieser Botschaft verändern?* Ihre
Antwort dazu kann sein *Er will, dass ich _____ weiß* (etwas, was
ich bisher nicht wusste). Dann war es eine informative Botschaft.
Sie könnten auch antworten: *Gott will, dass ich _____ glaube
(eine bestimmte Wahrheit).* Dann war es eine motivierende Bot-

schaft.[18] Eine Botschaft über 1. Thessalonicher 4,13 wäre hauptsächlich informativ, eine über Johannes 20,31 (und das Johannesevangelium als Ganzes) wäre überzeugend, und eine Botschaft über Judas 3 wäre dann motivierend.[19]

»Aber wie kann ich all das tun, während ich gleichzeitig versuche, dem Prediger zuzuhören?«, werden Sie fragen. »Werde ich denn nicht komplett abgelenkt, während ich versuche, die Hauptbotschaft herauszuhören und sie als entweder informativ, überzeugend oder motivierend einzuordnen und dazu noch in einem knackigen Satz zusammenzufassen?«

Nein. Nachdem Sie einmal den Dreh raus haben, sollte das kein Problem mehr sein. Die Geschwindigkeit, mit der wir denken, ist mindestens 4- bis 5-mal höher als die Redegeschwindigkeit eines Predigers. Das ist auch einer der Gründe, warum Ihre Gedanken zu wandern beginnen: Sie haben zu viel Zeit. Und sie werden etwas tun mit Ihrer zusätzlichen Zeit – Tagträumen, über ein Problem auf der Arbeit nachdenken usw. Es wäre besser, Sie würden diese zusätzliche Zeit nutzen, um die Predigt auszuwerten. Suchen und formulieren Sie in dieser Zeit die Hauptbotschaft und denken Sie darüber nach, wie Ihr Leben durch die Predigt verändert werden sollte.

»Okay«, werden Sie sagen, »das ist alles sehr hilfreich, wenn

---

[18] Wie bei allen Aktivitäten hilft es auch beim Zuhören, mindestens ein wenig von der Sache zu verstehen. Letzte Woche war ich in Australien und sah mir dort australisches Rugby im Fernsehen an. Als mir jemand einige Grundregeln des Spiels erklärte, half mir das sehr weiter: Plötzlich wurde das Spiel viel spannender für mich. Daher ist es auch für Predigt-Hörer sinnvoll, mindestens ein gutes Buch über Predigen zu lesen. Ich empfehle z. B. Jay E. Adams, *Predigen – zielbewusst, anschaulich, überzeugend* (Bielefeld, CMV 2006).

[19] 1Thes 4,13: »Wir wollen euch aber, Brüder, nicht in Unkenntnis lassen über die Entschlafenen, damit ihr nicht betrübt seid wie die übrigen, die keine Hoffnung haben.«

Joh 20,31: »Diese [Wunderzeichen] aber sind geschrieben, damit ihr glaubt, dass Jesus der Christus ist, der Sohn Gottes, und damit ihr durch den Glauben Leben habt in seinem Namen.«

Jud 1,3: »... euch zu ermahnen, für den ein für allemal den Heiligen überlieferten Glauben zu kämpfen.«

die Botschaft auf mich zutrifft. Aber was ist mit all den Predigten, die nicht das Geringste mit mir zu tun haben oder die nur Repetitionen dessen sind, was ich schon tausend Mal gehört habe?«

Alles in der Bibel trifft *irgendwie* auf Sie zu. Ja, selbst wenn Sie alleinstehend sind, kann eine Predigt über die Ehe auf Sie zutreffen. Sie kann Ihnen helfen, sich auf die Zukunft vorzubereiten, oder, wenn Sie vielleicht niemals heiraten werden, Ihnen verdeutlichen, welche Schwierigkeiten verheiratete Personen überwinden müssen. Das hilft Ihnen, toleranter zu sein, wenn Sie erkennen, womit Eheleute zu kämpfen haben. Eine der Herausforderungen, einer scheinbar persönlich nicht relevanten Predigt zuzuhören, besteht darin, die persönliche Relevanz herauszuarbeiten. Selbst die Botschaft, die zunächst weit weg von Ihrem Erfahrungshorizont zu sein scheint, kann für Sie wichtig werden.

Natürlich gibt es Botschaften, die Sie nicht interessieren.[20] Aber in Gottes Wort sollte nichts übersehen werden. Alles steht aus einem bestimmten Grund darin und kann deshalb relevant für Sie werden. Nochmals: Es ist Ihre Aufgabe, die Botschaft auf Sie anzuwenden. Sie müssen Sie interessant für sich machen. Sie wissen so gut wie ich, dass die Leute dem zuhören, was Sie interessiert. Stellen Sie sich nur mal vor, dass jemand in einer Gruppe am anderen Ende des Raumes während eines Gespräches, dem Sie nicht zugehört haben, Ihren Namen erwähnt. Plötzlich wird das Gespräch interessant für Sie. Sie spitzen Ihre Ohren, um herauszufinden, was dort drüben über Sie geredet wird.

Eine Methode, um Ihr Interesse zu wecken, ist, sich selbst zu fragen, warum Sie denn nicht interessiert sind. Könnte es sein, dass Sie bestimmte Bereiche biblischer Wahrheit vermeiden, weil Sie eine Sünde nicht aufgeben wollen? Oder haben Sie sonst einen Vorbehalt gegen die Wahrheit? Verstehen Sie eine biblische

---

[20] Die schlimmste Form von Desinteresse haben jene, die sich Prediger wünschen, die ihnen die Ohren kitzeln (2Tim 4,3). Prediger sollten nicht nur über das reden, was angenehm oder interessant ist; oft müssen sie »überführen, zurechtweisen, ermahnen« (2Tim 4,2) – und das bisweilen »streng« (Tit 1,13).

Lehre falsch? Wenn Sie sich für Ihr Desinteresse interessieren, kann das großes Interesse wecken!

Sind Sie nicht sonderlich an den Amalekitern interessiert? Nun, dann wecken Sie das Interesse am biblischen Bericht über Israel und die Amalekiter. Geben Sie nicht auf, bis Sie herausgefunden haben, wie die Geschichte von den Amalekitern (2Mo 17,8-16) für Sie in der nächsten Woche zum Gewinn werden kann. Arbeiten Sie an diesem Abschnitt, bis er für Sie unerlässlich wird. Wenn das unmittelbare Predigtthema, das gerade gepredigt wird, nicht sehr interessant für Sie ist, geben Sie nicht auf, bis Sie es interessant gemacht haben.

Und was ist mit den Wiederholungen – wenn Sie dieselbe Botschaft immer und immer wieder hören? Selbst wenn nicht ein einziges neues Wort gesagt wird (was höchst selten vorkommt), konzentrieren Sie sich darauf, wie Sie die altbekannte Geschichte für sich oder andere neu machen können. Denken Sie sich mindestens drei neue Anwendungen, drei neue Erkenntnisse oder drei neue Blickwinkel aus, die Sie nach der Predigt anderen mitteilen können. (»Weißt du, Johanna, während der Predigt heute Morgen fiel mir ein, dass wir in unserer Frauengruppe dies oder das tun könnten ...«) Vielleicht können Sie für andere auf diese Weise ein großer Segen sein. Helfen Sie anderen, ihren Horizont zu erweitern, und zeigen Sie anderen, wie sie alte Wahrheiten auf neue Weise anwenden können.

Was ich damit sagen will: Lernen Sie, noch viel kreativer und flexibler zuzuhören. Doch wie schon mehrfach erwähnt, das heißt zu arbeiten. Wenn Sie nicht arbeiten, wird die Botschaft nicht bei Ihnen ankommen. Die Naturgesetze von Selektion, Abdriften und Informationsverlust werden dann obsiegen.

7

Die Botschaft verstehen

Der Zweck des Gleichnisses vom Sämann und dem vierfachen Ackerboden in Matthäus 13,3-9 ist es, uns dazu zu bewegen, die Botschaft nicht nur zu hören, sondern auch zu *verstehen*. Anschließend zitiert Jesus in Matthäus 13,14-15 aus dem Propheten Jesaja 6,9-10:

> Und wird an ihnen die Weissagung Jesajas erfüllt, die lautet: »Mit Gehör werdet ihr hören und doch nicht verstehen, und sehend werdet ihr sehen und doch nicht wahrnehmen; denn das Herz dieses Volkes ist dick geworden, und mit den Ohren haben sie schwer gehört, und ihre Augen haben sie geschlossen, damit sie nicht etwa mit den Augen sehen und mit den Ohren hören und mit dem Herzen verstehen und sich bekehren und ich sie heile.«

Gott hatte also durch Jesaja erklärt, dass zwar viele mit ihren Ohren zuhören, aber nicht mit dem Herzen verstehen (Vers 15). Sie hören, aber hören doch nicht – d.h., sie hören Worte, aber verstehen sie nicht (Vers 14).

König Jakob II. von England (1633–1701) befahl, dass in allen Kirchen Englands ein Parlamentsbeschluss vorgelesen werden sollte. Prediger, die diesen Beschluss ablehnten, wollten ihn nicht vorlesen und die Gemeindeglieder wollten diesen Beschluss nicht hören. Darum sagte ein Pastor seiner Gemeinde Folgendes: »Ich bin zwar gezwungen, diesen Parlamentsbeschluss vorzulesen. Aber ihr seid nicht gezwungen, mir zuzuhören.« Seine Gemeinde stand auf und ging aus dem Raum. Danach las er den Beschluss vor den leeren Bänken. Viele hören heute so zu, als wären sie nicht dazu verpflichtet; Prediger predigen wie vor leeren Bänken. Das Gleichnis Jesu verlangt aber etwas, was weit darüber hinausgeht.

Jesus legt das Gleichnis vom vierfachen Ackerboden nicht nur vor, sondern deutet es einige Verse weiter in Matthäus 13,18-23 für seine Jünger. Dabei erklärt er, dass manche es versäumen, die Botschaft zu verstehen (13,19). Aber er redet auch von denen, die »Frucht bringen«, weil sie »verstehen« (Vers 23). Jesus lehrt auch, dass es verschiedene Hindernisse gibt, die das Verstehen erschweren. Wenn der Same ausgestreut wird, fällt er auf drei Arten von unempfänglichen Herzen:

- Harte, steinerne Herzen, auf denen der Same verschwendet wird. Solche Zuhörer hören nicht einmal zu.
- Oberflächliche Herzen, die nicht tief genug sind, damit eine Pflanze darauf wachsen könnte. Solche Hörer erfassen die Bedeutung der gehörten Wahrheit nicht.
- Weltliche Herzen, in denen das Unkraut der Sorge und der Habgier alles Wachstum ersticken. Solche Herzen haben keinen Raum für die Botschaft.

Abneigung gegen Gottes Wort, Beherrschtsein durch Emotionen und Götzendienst mindern das produktive Säen von Gottes Wahrheit. Solche Dinge machen Menschen »dicht« gegen die Predigt, also predigtresistent.

Im Gegensatz zu diesen drei schlechten Bodenarten steht in Jesu Gleichnis die »gute Erde«. Sie repräsentiert jene, die »das Wort hören«, »verstehen« und »bewahren«:

Bei dem aber auf die gute Erde gesät ist, dieser ist es, der das Wort *hört* und *versteht*, der wirklich Frucht bringt; und der eine trägt hundert-, der andere sechzig-, der andere dreißigfach. (Mt 13,23)

Das in der guten Erde aber sind die, welche in einem redlichen und guten Herzen das Wort, nachdem sie es *gehört* haben, *bewahren* und Frucht bringen mit Ausharren. (Lk 8,15)

In diesem Kapitel werden wir drei Hindernisse betrachten, die uns am Verstehen hindern. Wir werden sehen, was notwendig ist, um zu »verstehen« und das Wort Gottes »zu bewahren«. Auch wenn die drei Verständnis-Hindernisse eigentlich Ungläubige (nicht echte Christen) charakterisieren, werden auch Gläubige von Überbleibseln dieser Eigenschaften geplagt. Sicher werden Sie mir zustimmen, wenn Sie Ihr eigenes Herz prüfen.

Widerstreben gegen Gottes Wort

Dieses Problem ist bei nicht wiedergeborenen Menschen so ernst, dass Paulus sagen muss: »Ein natürlicher Mensch nimmt nicht an, was des Geistes Gottes ist« (1Kor 2,14). Wir haben dieses Problem in Kapitel 1 ausführlich behandelt. Obwohl kein Gläubiger Gottes Botschaft so ablehnen und verwerfen kann wie Ungläubige das Evangelium verwerfen, kämpfen Christen noch immer mit ihnen innewohnenden Abneigungen gegen biblische Wahrheiten, denn diese Wahrheiten widersprechen dem egoistischen Lebensstil, den man sich als Ungläubiger angewöhnt hat.[21] Die verbreitete Akzeptanz von humanistischen Ideologien wie Selbstwert-, Selbstachtung- und Selbstbild-Kult unter Evangelikalen hat das Problem noch verstärkt.

Ein Beispiel: Mark weiß, dass sein Porno-Konsum falsch ist und dass er damit in seinem Herzen Ehebruch begeht. Doch er verharrt darin und verwirft die klare Predigt gegen sexuelle Sünde. Tatsächlich geht er so weit, dass er den Prediger mit versteckten Anspielungen in der Gemeinde verleumdet. »Findest du nicht, dass der Prediger zu viel über sexuelle Sünden predigt? Ich frage mich ernsthaft, ob er selbst auf diesem Gebiet Probleme hat.«

Mark bleibt stur und ist nicht bereit, die Sünde in seinem Leben anzugehen. Er widersteht darum jedes Mal der klaren Pre-

---

[21] Um mehr darüber zu erfahren, wie Sie Sünde in Ihrem Leben nach Ihrer Bekehrung bekämpfen können, lesen Sie Jay Adams, *Der innere Krieg* (Schwengeler Verlag, 1991, Orig. *The War Within*).

digt des Wortes, wenn der Prediger seine Sünde anspricht. Andere wiederum werden nicht den Prediger verleugnen, aber sie diskutieren die Predigt weg oder reden sich heraus. Florence denkt: »Natürlich sollte ich mich meinem Mann unterordnen. Und ich würde ja auch ... wenn er nur endlich seine Führungsverantwortung in unserer Familie wahrnehmen würde«. Eine solche Abwehrhaltung ist nicht weniger ernst.

Lieber Christ, hörst du der Predigt mit einem weit offenen Herzen zu, das sich nicht vor den Hieben des Schwertes des Geistes schützt? Oder ist dein Herz hart und gewissen Lehren gegenüber immun? Hast du deine Sünde so sehr wegdiskutiert, dass dein Gewissen dich selten bis nie anklagt? Dann ist es Zeit, Buße zu tun und wie David zu sagen: »Erforsche mich, Gott, und erkenne mein Herz!« (Psalm 139,23). Es ist Zeit, die Kammern des Herzens aufzubrechen, die du so erfolgreich zugesperrt hast. Öffne stattdessen dein Herz weit für die Predigt des Wortes Gottes. Höre mit einer Bereitschaft zu, darauf zu achten, es zu verstehen, es anzuwenden und ihm zu gehorchen. Solange du dazu nicht bereit bist, wird die Predigt für dich praktisch wertlos sein. Ein widerspenstiges Herz kann das Kernproblem sein, das einem freudigen Hören des Wortes Gottes im Wege steht.

Oberflächlichkeit

Die Realität hinter der Redensart »Wie gewonnen, so zerronnen« (oder in anderer Version: »Zum einen Ohr rein, zum anderen wieder raus«) ist offenbar das Problem derer, die in der zweiten Art von Ackerboden repräsentiert sind. Es ist das Problem der Oberflächlichkeit, dem Mangel an Tiefe. *Das Evangelium klingt Klasse; ich werde es zu all den anderen Dingen in meinem Leben hinzufügen.* So denkt kein Wiedergeborener. Doch viele moderne Predigten, die die Notwendigkeit der Buße vernachlässigen, unterstützen diese Art des Denkens.

Solche Leute widerstehen der Wahrheit nicht ausdrücklich, weil sie einfach zu wenig Wahrheit kennen, um ihr widerstehen zu können. Wenn sie das Wort Gottes wirklich verstehen würden, dann würden sie es sofort ablehnen, weil ihnen klar wäre, dass das Evangelium von Jesus Christus eine totale Lebensveränderung erfordert (Eph 4,17). Diese radikale Veränderung ist das Letzte, was eine oberflächliche Person will. Sie will das Christentum nur als eine Beigabe annehmen. Die einzige Schwierigkeit dabei ist nur: »Wählt euch heute, wem ihr dienen wollt«, sagte Gott, und stellte die unmissverständliche Frage: »Warum hinkt ihr auf beiden Seiten?« (wie ein Gelähmter, der mal zu jener, mal zu der anderen Seite neigt, 1Kön 18,21) – und deshalb wird Gott eine solche Haltung nicht akzeptieren.

Doch die Geschichte Israels macht überdeutlich klar: Dieses Denken kann auch noch im Gläubigen vorhanden sein und sogar Gottes Volk am geistlichen Wachstum hindern. Echte Christen, die das gepredigte Wort nicht konsequent bis zu Ende denken, werden oft die Erfahrung machen, dass sie fröhlich eine Unternehmung starten, aber aufgeben, sobald sie unterwegs von der ersten Bodenwelle durchgeschüttelt werden. Einerseits kann es ihnen an echtem Verständnis fehlen, weil sie nicht die verkündete Botschaft nicht wirklich tiefgründig verstehen. Sie begnügen sich mit einem oberflächlichen (oder falschen) Verständnis der Botschaft. Andererseits kann es der Fall sein, dass sie der Wahrheit vorschnell zustimmen, ohne sich darum zu scheren, welche Lebenshingabe dies erfordert. Folglich gibt es diese zwei Optionen: Entweder schlagen sie von vornherein den falschen Weg ein oder sie geben auf, wenn es schwierig wird. Das sind die beiden Fälle, wie ein oberflächliches Verständnis der Wahrheit oder ihrer Konsequenzen dazu führt, dass man auf die Predigt falsch reagiert.

Verstehen heißt nicht, den korrekten Wortlaut des Katechismus zu kennen oder Verse für das Bibelquiz auswendig zu lernen. Als wir nach Übersee verreisten, brachten wir unseren Kindern zuvor einige wenige Worte in verschiedenen Sprachen bei. Jahre später besuchte uns ein Kind einer christlichen Familie. Eines unserer Kinder fragte: »Parlez vous français?« (»Kannst du Französisch?«). Der Freund antwortete: »Diese Katechismus-Frage habe ich noch nicht auswendig gelernt!«

Fred hört der Predigt so zu, wie ich Münzen und Briefmarken sammle: gelegentlich. Ich sammle nur, was mir gerade ins Haus fliegt. Wenn ein Brief aus einem fernen Land eintrifft, schneide ich die Briefmarke aus, stecke sie in eine Schachtel und vergesse sie prompt wieder. Das mache ich auch mit ausländischen Münzen und Banknoten. Was immer nach einer Überseereise noch in meiner Tasche steckt, wandert in eine Schachtel. Ab und zu stoße ich auf seltene amerikanische Münzen. Hinein damit in die Schachtel. Warum? Weil ich nur ein oberflächliches Interesse an ihnen habe. Ich sage mir: »Vielleicht werde ich eines Tages, wenn ich mal Zeit habe, ein ernsthafter Philatelist (Briefmarkensammler) – oder ein Numismatiker (Münzensammler). Oder vielleicht werden meine Enkelkinder einmal Hobbysammler und ich kann ihnen dann einen kleinen Startgrundstock geben.« Genauso geht Fred mit Gottes Wahrheit um.

Gott möchte nicht Ihr oberflächliches Gelegenheits-Interesse. Er möchte, dass Sie ein hingegebener und sachkundiger Wahrheits-Sammler sind, der es versteht, die Wahrheit im Leben und im Dienst für Gott anzuwenden. Ernsthaftes Briefmarken- und Münzensammeln ist harte Arbeit! In dieses Projekt müssen Sie Ihre Gedanken, Zeit und viel Fleiß investieren. Auch das richtige Predigthören erfordert gründliche Arbeit: Hingabe und ein Suchen nach den noch fehlenden Teilen in der Sammlung der Wahrheit. Der oberflächliche Hörer versteht davon wenig.

Lieber Christ, kannst du sagen, dass du genauso viel Zeit damit verbringst, Gottes Wahrheit und deren Implikationen für dein Leben zu verstehen, wie mit deinem Hobby? Wenn du bereit bist, mehr Zeit z.B. für Golf aufzuwenden, ist mit deinen Prioritäten etwas radikal falsch. Aber es kann sogar sein, dass du nicht einmal für Hobbys und Sport Zeit investierst. Du bist einfach faul. Gott sagt: »Wach auf!« (Eph 5,14; Röm 13,11; Hebr 12,12-13) und geh an die Arbeit! Er möchte nicht, dass wir Christen faul sind bezüglich unseres Glaubens. Gott verlangt von niemandem, ein enthusiastischer Briefmarkensammler oder Fischer zu sein. Aber er verlangt, dass alle Christen enthusiastisch an ihrem Glauben arbeiten. Doch Enthusiasmus ist nicht genug. Der oberflächliche Hörer ist allzu schnell begeistert von dem, was er gehört hat – bis er merkt, dass er sich hingeben und sich selbst disziplinieren muss, um der Gerechtigkeit nachzujagen, und dass er viel Zeit und Kraft investieren muss.

Weltlichkeit

Es ist interessant, dass Jesus im Gleichnis vom vierfachen Ackerboden mit Weltlichkeit (»die Sorge dieser Welt usw.«; Mt 13,22) nicht irgendwelche Aktivitäten bezeichnet, sondern damit die grundsätzliche Lebensausrichtung und -orientierung meint.[22] Der Fokus liegt auf der Art unserer Sorgen: Entweder sorgen wir uns um Dinge, um die sich auch die Heiden sorgen (Essen, Kleidung und alles, was man mit Geld kaufen kann), oder wir sorgen uns um das Reich Gottes. Es ist eine Frage der Prioritäten – wonach jemand »zuerst trachtet« (Mt 6, 33). Wenn irdische Dinge wichtiger sind, ersticken sie das ausgestreute Wort wie Unkraut. Sie überwuchern die biblische Lehre und es bleibt wenig Platz zum Wachstum und Fruchtbringen übrig.

Im Gegensatz zu den oberflächlichen Hörern sind diese »weltlichen Hörer« nicht faul. Sie trachten eifrig – aber nach den falschen Dingen. Sie sorgen sich ständig intensiv um alles Mögliche. Die Suche nach Sicherheit in irdischen Dingen führt letztlich zu Unsicherheit. In dieser Welt kann keine Sicherheit gefunden werden. Wenn Geld, Güter, Popularität und Macht den ersten Platz einnehmen, schießen Sorgen und Probleme wie Unkraut empor.

Gläubige sind gegen dieses Problem nicht immun. Sie kämpfen ebenfalls mit schädlichem weltlichem Wachstum, das fruchtbares geistliches Wachstum verhindert.

---

[22] Eine ähnliche Warnung vor Weltlichkeit in diesem Sinne – die Gesinnung der Heiden – finden wir auch in der Bergpredigt: »Sammelt euch nicht Schätze auf der Erde ... Seid nicht besorgt für euer Leben ... Denn nach diesem allen trachten die Nationen ... trachtet aber zuerst nach dem Reich Gottes« (Mt 6,19.25.32-33).

Jonathans Haus steht zum Verkauf. Er muss es in den nächsten drei Monaten verkaufen, sonst verliert er viel Geld, von dem er sich ein neues Haus bauen will. Tag und Nacht nagt diese Sache an ihm. Er schläft nicht mehr gut. Er vergeudet seine Zeit damit, sich Sorgen zu machen, anstatt diese Zeit produktiv im Weinberg des Herrn einzusetzen. Und selbst wenn er den Gottesdienst besucht, kann er sich hinterher kaum an etwas erinnern, was der Prediger gesagt hat, weil er sich so sehr um den Verkauf seines Hauses sorgt. Auch seine Gebete drehen sich um diese Sache und scheinen alle anderen Anliegen zu ersticken. Jonathan hat noch viel Arbeit an seinem Herzen – er muss großzügig Unkrautvertilgungsmittel ausstreuen.

Das verständige Herz

Die »richtige Art von Boden« ist jener Hörer, der den Samen des Wortes »hört und versteht« (Mt 13,23). Das ist das, was der Herr Jesus als ein »redliches und gutes Herz« bezeichnet, das das Wort »bewahrt« und mit »Ausharren« Frucht bringt (Lk 8,15). Wenn die Wahrheit auf ein Herz fällt, das mit Bereitwilligkeit gegenüber Gott gefüllt und bestrebt und bereit ist, Gottes Wort zu empfangen und ihm zu gehorchen, dann entspringt daraus das richtige Verständnis für Gottes Wort. Das ist das Herz eines Menschen, der die Wahrheit nicht nur aufnimmt, sondern sich darin übt, mit der Wahrheit zu arbeiten, bis sie in sein Leben und seinen Dienst eingebunden ist. Der »gute« (wörtlich »tadellose«; Lk 8,15) Hörer nimmt sich Zeit, um die geistliche Speise sorgfältig zu verdauen und zu verstehen, was Gott von ihm will. Er überschlägt die Kosten, bevor er das Gehörte in die Praxis umsetzt, und versucht beharrlich, sein Leben Gottes Wahrheit anzupassen. Er gibt Gottes Wort gegenüber allen anderen (selbst legitimen) Interessen den Vorrang. Er trachtet nicht nur nach Gottes Reich, sondern auch nach Gottes Gerechtigkeit. Er strebt nicht aus persönlichem Gewinn nach einem Leben in Gerechtigkeit, sondern aus Dankbarkeit Gott gegenüber, »um seines Namens willen«.

Weil er liebend gern wie Christus sein will, betrachtet dieser Mensch »mit einem guten Herzen« das Säen (die Verkündigung von Gottes Wort) als einen wichtigen Faktor in seinem Leben. Er besucht treu den Gottesdienst und arbeitet daran, zu verstehen, was er dort hört. Er glaubt (zu Recht), dass das Hören von Gottes Wort und das Handeln danach geistliches Wachstum hervorbringt. Er weiß zwar, dass Veränderung nicht einfach ist, aber er widmet sich geduldig wie ein Landwirt der harten Arbeit, um geistliche Frucht zu kultivieren. Er tut das mit Ausdauer und Beharrlichkeit, weil er danach strebt, einen reichen Ertrag hervorzubringen – zur Ehre Gottes.

Der Prophet Daniel war jemand, der sein »Herz darauf gerichtet hatte, Verständnis zu erlangen« (Dan 10,12). So will auch der gute Predigthörer Gottes Wahrheit verstehen. In Daniel 10,12 klingt wie in Lukas 8,15 eine Entschlossenheit und Hingabe zur Veränderung durch. Wie Esra hat der gute Hörer »sein Herz darauf gerichtet, das Gesetz des HERRN zu erforschen und zu tun und … die Ordnung und das Recht zu lehren« (Esra 7,10).

Es ist kein Wunder, dass Esra ein »kundiger Schriftgelehrter« wurde (Esra 7,6)! Gott erwartet eine solche Hingabe auch von *Ihnen*. Wenn Sie der Predigt nicht mit dieser Gesinnung zuhören, werden Sie sehr wenig Gewinn davon haben. Mit der Entschlossenheit Esras sollten Sie nicht ruhen, bis Sie Wege und Mittel gefunden haben, das Gehörte zu verstehen und anzuwenden. Eine schlechte oder unpassende Predigt wird Sie nicht aufhalten. Nichts, was der Prediger sagt, wird Sie aufhalten. Selbst wenn es nicht mit Ihrer Sicht der Dinge in Einklang ist. Sie werden ihn förmlich aussaugen in Ihrem Bestreben, so viel wie möglich von ihm zu lernen. Sie werden nicht locker lassen, bis Sie einem etwaigen Missverständnis auf dem Grund gegangen sind und das Rätsel gelöst haben. Wenn Sie das voller Eifer tun, werden Sie erfahren, woran Paulus seinen Schüler Timotheus erinnerte: »Der Herr wird dir Verständnis geben in allen Dingen« (2Tim 2,7).

Woraus besteht Verständnis? Es umfasst mindestens die drei folgenden Elemente:

- der Wahrheit genau zuhören.
- die Wahrheit richtig verarbeiten
- die Wahrheit für späteren Gebrauch aufbewahren.

Luther sagte: »Verständnis ist … ein sorgfältiges Aufbewahren dessen, was empfangen wurde.«[23]

Diese drei Elemente werden im Rest dieses Buches noch weiter ausgeführt. Doch jetzt ist es erstmal an der Zeit, mein früheres Versprechen zu erfüllen: Ich sagte, ich werde noch darauf eingehen, wie Sie selbst von mittelmäßigen oder sogar schlechten Predigten profitieren können. Darum geht es im nächsten Kapitel.

---

[23] J. N. Lenker, Hrsg., *Luther's Sermons*, Bd. 8. (Grand Rapids: Baker, 198), S. 306; aus Luthers Predigt über Kolosser 1,3-14.

8

Wie man mit schlechten Predigten umgeht

Martin Luther sagte: »Weil denn die Prediger das Amt, Namen und Ehre haben, dass sie Gottes Mithelfer sind, soll niemand [sich für] so gelehrt oder so heilig [halten], der die allergeringste Predigt versäumen oder verachten wollte, da er nicht weiß, welche Zeit die Stunde kommen werde, darinnen Gott sein Werk an ihm tue durch die Prediger.«[24]

Das bedeutende Problem, das ich in diesem Kapitel behandeln will, ist nicht die Frage, was eine Predigt schlecht macht, sondern wie wir darauf reagieren sollen, wenn sie schlecht ist. Wie gehen wir mit einer Predigt um, wenn sie – wie Luther es nennt – »die allergeringste Predigt«, also annähernd bedeutungslos ist? Denken Sie, dass es Ihre Verantwortung ist, etwas aus solchen Predigten herauszuholen, oder schieben Sie die ganze Schuld auf den Prediger, wenn Sie nichts von einer solchen Predigt haben? Wenden Sie sich von einer solchen Predigt ab mit der Ausrede: »Das war wieder eine Zeitverschwendung«? Oder verwandeln Sie dieses Minus in ein Plus? Luther hielt das offenbar für möglich.

»Aber ich weiß nicht wie«, erwidern Sie vielleicht. »Und überhaupt, wie soll man mehr aus einer Predigt holen, als in ihr drin steckt? Und ich rede hier nicht nur von »allergeringsten« Predigten, sondern von den richtig schlechten und denen, die Irrlehre

---

[24] *Dr. Martin Luthers Werke. In einer das Bedürfnis der Zeit berücksichtigenden Auswahl* (Friedrich Perthes, Hamburg 1828), Band 8, S. 155; aus Luthers Predigt über 2. Korinther 6,1-11.

verkünden! Was ist mit denen?« In diesem Kapitel werde ich auf all diese Probleme eingehen.

Scheinbare Irrlehre

Bill und Mary bekehrten sich durch eine Evangelisation einer evangelischen Freikirche. Sie wurden Mitglieder, wuchsen im Glauben und genossen drei wunderbare Jahre unter dem Dienst des glasklar bibeltreuen Pastors John Smith. Doch jetzt hatten sich die Dinge geändert. Pastor Smith trat in den Ruhestand und Pastor Jones trat an seine Stelle. Zunächst lief alles gut. Der Wechsel verlief reibungslos. Pastor Jones ist ein netter Kerl und wurde gut aufgenommen. Doch in letzter Zeit hörten Bill und Mary von der Kanzel Lehren, die ihnen – gelinde gesagt – »suspekt« vorkamen. Es schien, dass manche Aussagen des neuen Pastors implizierten, dass die Bibel Irrtümer enthielte und darum nicht ausnahmslos vertrauenswürdig sei. Außerdem entdeckten sie ein falsches Evangelium der Werkgerechtigkeit. Was sollten die beiden unter solchen Umständen tun?

Erstens müssen sie sich sicher sein, dass es sich bei ihren Vermutungen um Tatsachen handelt. Wie? Nicht, indem sie sich bei den anderen Gemeindegliedern umhören und fragen, ob sie die gleichen Bedenken haben. Das könnte sich als kontrovers und entzweiend erweisen, falls sie falsch liegen. Nein. Stattdessen sollten sich Bill und Mary mit Pastor Jones treffen und ihm demütig ihre Sorgen vortragen. Mit »demütig« meine ich, dass sie dem Pastor den Respekt entgegenbringen sollten, den er in seiner Position als Gemeindehirte verdient. Und die beiden sollten sich bewusst sein, dass sie sich irren könnten. Sie sollten sich zurückhaltend verhalten und ihn nicht gleich einer Irrlehre bezichtigen. Vielleicht können sie etwa Folgendes sagen:

> Pastor Jones, vielleicht haben wir Sie missverstanden, aber wir meinen, Sie haben Folgendes gesagt: … Bitte sagen Sie uns, wenn wir Sie falsch verstanden haben; wir machen uns gro-

ße Sorgen deswegen. Wir sind zuerst zu Ihnen gekommen; wir haben mit niemandem aus der Gemeinde über unsere Befürchtungen gesprochen.

Wenn Pastor Jones ein aufrechter Mann ist, wird er die beiden für ihre Ehrlichkeit und Umsicht loben und ihnen gut zuhören. Vielleicht wird Jones' Antwort sie zufriedenstellen, denn es kann sich ja tatsächlich um ein Missverständnis gehandelt haben. Womöglich sprach er bei der einen Sache über verschiedene Lesarten des griechischen Grundtextes und bei der anderen Sache betonte er einfach die Notwendigkeit der Frucht als Zeichen von echter Umkehr und Buße. Weil das Ehepaar den Pastor besucht hat, wird er sich künftig wahrscheinlich darum bemühen, sich in seinen Predigten klarer auszudrücken. Vielleicht werden Bill und Mary aufgrund des Besuches noch mehr wachsen und Dinge lernen, von denen sie vorher noch wenig gewusst haben. Alles in allem kann ein solches Gespräch äußerst segensreich sein.

Vor allem wäre nichts von diesen guten Dingen dabei herausgekommen, wenn Bill und Mary ihre Nöte für sich behalten und sich einfach eine andere Gemeinde gesucht hätten. Und wenn sie nur in der Gemeinde herumgeredet und Zweifel und Vorbehalte gestreut hätten, wäre ebenfalls nichts Gutes dabei herausgekommen.

Irrlehre

Aber stellen wir uns vor, dass die Antwort von Pastor Jones den Verdacht des Ehepaares bestätigt. Er wirft ihnen vor, der Bibel als »papierenen Papst« zu vertrauen. Außerdem meint er, dass die Vorstellung, gute Werke hätten bei Gott keinen Einfluss auf das Seelenheil, lächerlich sei. Er sagt vielleicht in etwa:

Die Menschen sind Gottes Meisterwerk. Sie sind gotthafte Wesen. Das einzige Problem ist, dass sie sich noch nicht zu dem Gipfel entwickelt haben, wo sie all ihre tierischen Nei-

gungen abgeworfen haben. Das meinen wir, wenn wir von
»Sünde« reden.

Ein solches Gespräch zeigt Bill und Mary, dass sie leider Recht
mit ihrer Befürchtung hatten. Was sollen sie unter solchen Umständen tun? Die Gemeinde verlassen? Nein. Sie haben jetzt zunächst noch weitere Verpflichtungen. Sie müssen mit den Ältesten (oder mit dem Gemeinderat, je nach Leitungsstruktur) über
dieses Problem reden. Sie haben gegenüber der Gemeinde und
dem Herrn eine Verantwortung, der sie sich nicht einfach ent-
ziehen können, indem sie die Gemeinde verlassen. Sie sollten den
Ältesten sagen, was sie in der Predigt und im persönlichen Gespräch gehört haben. Weil sie zu zweit sind, sind sie laut 1. Timotheus 5,19 dazu berechtigt, eine Klage gegen ihren Pastor zu erhe-
ben. Wenn die Leitung sich der Sache annimmt und den Pastor
entlässt, dann ist alles in Ordnung. Bill und Mary haben somit
dem Herrn und der Gemeinde gut gedient, weil sie aufmerksame
und im besten Sinne kritische Predigthörer waren.

Doch nehmen wir einmal an, die Gemeindeleitung weigert
sich, etwas in dieser Sache zu unternehmen. Die Verantwortlichen mögen Pastor Jones und meinen, dass er Recht haben könnte und dass sein Vorgänger Pastor Smith altmodisch war. Was
sollten Bill und Mary dann tun? Je nach Situation sollten sie eine
der folgenden beiden Optionen wählen:

1. Wenn die Gemeinde einer Denomination bzw. einem Verband angehört, ist es vermutlich möglich, sich an eine über-
   örtliche Instanz zu wenden. Das könnte Zeit und Geduld erfordern. Doch sie sind verpflichtet, jeden möglichen Schritt
   zu unternehmen, um den pastoralen Dienst in ihrer Gemeinde wiederherzustellen. Sie sollten sich die Gemeindeordnung
   besorgen und die darin enthaltenen Anweisungen peinlich
   genau befolgen. Es kann sonst vorkommen, dass ihr Gesuch
   aufgrund formaler Fehler abgewiesen wird.
2. Wenn die Gemeinde unabhängig ist, sollten Bill und Mary
   sich mit möglichst vielen Gemeindegliedern zusammentun,

um die Situation zu ändern. Dazu gehört unter Umständen nicht nur die Entlassung des Pastors, sondern auch des Leitungsgremiums, deren Mitglieder den Irrtum des Pastors unterstützten. Ein solches Vorgehen ist nie erfreulich. Bill und Mary werden von manchen Gemeindegliedern verunglimpft werden, doch wenn sie eine angemessene, demütige und hilfreiche Haltung beibehalten und nicht Böses mit Bösem vergelten, sondern das Böse mit dem Gutem überwinden (Röm 12,21), wenn sie die Ehre Christi und seiner Gemeinde an erste Stelle setzen und diese im Blick behalten, tun sie das Richtige.

Wenn alle diese Maßnahmen erfolglos sind, müssen Bill und Mary schlussendlich die Gemeinde verlassen (sofern sie nicht schon zuvor ausgeschlossen wurden). Danach müssen sie sich einer Gemeinde anschließen, in der das Evangelium verkündigt wird und an der Irrtumslosigkeit der Bibel festgehalten wird. Und wenn ihre bisherige Gemeinde daran festhält, ein falsches Evangelium zu verkünden, sollten sie so viele Gemeindeglieder wie möglich mit sich nehmen. Wenn es keine andere Gemeinde gibt, die der Bibel vertraut, wird es vielleicht sogar nötig sein, mit Hilfe einer bibeltreuen Initiative oder Gruppierung eine neue Gemeinde zu gründen.

Wie die Sache auch immer ausgeht, werden Mary und Bill jedenfalls feststellen: Wenn sie während des ganzen Prozesses auf biblische Weise vorgegangen sind, sind sie geistlich enorm gewachsen. Aber sie müssen alle Bitterkeit und andere unchristlichen Einstellungen vermeiden – in allem, was sie reden und tun. Sie müssen sich sicher sein, dass ihre Motive rein sind und dass sie das Rampenlicht, in das die Kontroverse die beiden gestellt hat, nicht genießen. Es wäre gut, wenn sie während des späteren Teils, wenn die Sache öffentlichen Charakter angenommen hat, von reifen Christen beraten werden. Es ist so einfach, einen falschen Weg einzuschlagen – vor allem für junge Christen – wenn man gerade auf dem richtigen Weg unterwegs ist!

Dünne Suppe

Doch betrachten wir nun eine ganz andere Situation. Pastor Jones' Predigt ist zwar weder suspekt noch ketzerisch – aber sie ist einfach schlecht! Er redet von den wunderbarsten Wahrheiten der Bibel, als wären sie die langweiligsten und banalsten Dinge überhaupt. Pastor Smith konnte man früher so gut zuhören. Er war hilfreich und relevant. Nach seinen Predigten gingen Bill und Mary stets herausgefordert und aufgebaut nach Hause. Doch Jones ist nicht nur langweilig, sondern auch abstrakt und schwer zu folgen. Er redet mehr wie ein schlecht geschriebenes Buch als ein menschliches Wesen, und er sagt praktisch nichts, was man mitnehmen und worüber man nachdenken könnte. Seine Predigten könnte man am besten als dünne Suppe, die kalt serviert wird, bezeichnen. W. R. Maltby beschrieb einen solchen Prediger so: »Er sprach von großen Dingen und machte sie klein, er sprach von heiligen Dingen und machte sie gewöhnlich, von Gott und machte ihn bedeutungslos.«[25] Was sollten Bill und Mary in einem solchen Fall tun?

Wenn Sie die bereits gelesenen Kapitel nochmal Revue passieren lassen, werden Sie nicht nur die wichtigen Einstellungen finden, die man bei Predigten grundsätzlich einnehmen soll, sondern auch verschiedene Vorschläge, wie wir das Beste aus den schlechten Predigten machen können. Im Folgenden möchte ich weitere Vorschläge machen, wie man mit solchen schlechten Predigten umgehen kann, die langweilig, unorganisiert, abstrakt, wiederholend, oberflächlich, voller Allgemeinplätze, Binsenweisheiten, Klischees usw. sind. Diese Vorschläge können bis zu einem gewissen Grad auch auf solche Fälle angewendet werden, die nicht ganz so schlimm sind wie die im vorherigen Abschnitt beschriebene Predigt. Doch sie müssen mit Vorsicht gebraucht werden, immer optimistisch darauf bedacht, doch noch etwas Besseres von der Kanzel zu erwarten. Denn wenn Sie regelmä-

---

[25] Daniel D. Walker, *The Enemy in the Pew* (New York: Harper & Row, 1967), S. 79.

ßig für Pastor Jones beten, sollten Sie erwarten, dass Gott Ihr Gebet erhört. Darum benutzen Sie meine Ratschläge nicht, um diese anstelle von aufmerksamen Zuhören zu praktizieren. Diese Vorschläge dienen als letzter Ausweg, wenn alles andere versagt. Nehmen wir an, Sie sind Bill oder Mary.

Erstens sollten Sie für Pastor Jones beten. Das ernstliche und inbrünstige Gebet eines Gerechten ist mächtig. Es kann sogar die Predigt verändern! Gott fragte einst Mose: »Wer hat den Mund des Menschen gemacht?« Gott kann die Predigt von Pastor Jones verändern. Vielleicht sieht der Prediger seine Defizite ein und fängt ernsthaft damit an, sich fortzubilden und nach Verbesserung zu streben. Vielleicht kauft er Bücher, die ihm helfen, besucht Kurse oder Predigtseminare. Es ist auch möglich, dass er erkennt, dass er nicht in den pastoralen Dienst gehört und befreit sich von einer Bürde, die er nie hätte tragen müssen.

Es ist auch möglich, dass Sie sich mit Pastor Jones enger anfreunden und Sie ihm persönlich sagen können, wo sein Problem liegt. Vielleicht können Sie ihn finanziell unterstützen, damit er die notwendigen Predigtschulungen besuchen oder Bücher kaufen kann oder was immer notwendig ist. Neben dem Gebet können Sie sich fragen: »Wie kann ich Pastor Jones helfen, uns allen zu helfen?« Mehr als nur ein Pastor kam zu unserem Predigerseminar, weil seine Gemeinde ihn dorthin sandte. Und viele fanden die Hilfe, die sie brauchten. Seien Sie stets so ermutigend wie irgend möglich. Wenn Ihr Pastor eine Predigtgabe hat, diese aber unterentwickelt ist, braucht er keinen Dämpfer, sondern Ermutigung.

Notlösungen

Doch stellen wir uns vor, Sie beten, bieten Ihre Hilfe an usw., aber Pastor Jones' Predigten werden vorerst nicht besser. Was können Sie in der Zwischenzeit tun? Hier einige Vorschläge.

1. *Suchen Sie nach Hauptpunkten in der Botschaft oder – wenn keine genannt werden – nach Hauptaussagen, von denen die*

Predigt nahelegt, dass sie gemeint sind. Notieren Sie Fragen, Beobachtungen, Illustrationen und Schüsselverse zu diesen Hauptpunkten. Zu Hause können Sie dann den Text sorgfältig weiterstudieren – anhand einer Konkordanz, eines biblischen Wörterbuches und eines Kommentares. Selbst gute Prediger ermutigen ihre Hörer zu einem solchen weiterführendem Studium. Augustinus (einer der drei großen Prediger der nachapostolischen Ära) sagte in einer seiner Predigten einmal: »Ich habe euch einige Hinweise gegeben ... nehmt sie und arbeitet den Rest selber heraus.«[26] Sie werden merken, dass in der Predigt mehr steckt, als Sie denken, und Sie werden auf dem besten Weg sein, ein ernsthafter Bibelschüler zu werden. Es kann sein, dass Gott in seiner Vorsehung Pastor Jones dazu braucht, aus dieser Gemeinde Bibelforscher hervorgehen zu lassen.

2. *Fragen Sie sich:* »*Wie würde ich an diesen Bibelabschnitt herangehen?*« Wenn Sie so vorgehen, werden Sie vielleicht Schlüsselerkenntnisse für Ihr persönliches Studium entdecken, die Sie sich nicht einmal erträumt haben. Sie werden merken, dass Sie umso intensiver am Bibeltext arbeiten, weil der Prediger es nicht tut (oder nicht weiß, wie er es tun kann). So werden Sie den Bibeltext verstehen und Ihre Erkenntnisse auch an andere weitergeben können.

3. *Machen Sie mehr Notizen als sonst.* Viele machen bei Predigten zu viele Notizen und werden dadurch abgelenkt. Man sollte sich besser nur die neuen Erkenntnisse oder fragwürdige Aussagen aufschreiben. Aber Pastor Jones' Predigten bieten nicht viel, wovon man abgelenkt werden könnte. Darum notieren Sie alles, was Ihnen einfällt. Nutzen Sie die Zeit sinnvoll aus. Denken Sie nach und schreiben Sie Ihre Gedanken auf. Stellen Sie Fragen und notieren Sie Ihren Fragen etc.

4. *Reflektieren Sie Ihr Leben im Hinblick auf die Predigt (bzw. auf das, was Sie aus der Predigt gewinnen).* Wenden Sie alle ab-

---

[26] Johannes Quasten and Walter Burghardt, Hrsg., *St. Augustine on the Psalms* (Westminster: The Newmann Press, 1961), S. 341.

strakten Aussagen konkret und persönlich auf sich an. Fragen Sie sich: »Wie möchte Gott mich durch meine Anwesenheit bei dieser Predigt verändern?« Versuchen Sie zu entdecken, warum der Heilige Geist diesen Abschnitt in die Bibel platziert hat. Fragen Sie sich: »Was will der Heilige Geist bewirken?« Denken Sie darüber konkret in Bezug auf Ihr Leben nach und schreiben Sie mindestens drei Möglichkeiten auf, wie Sie die Absicht des Heiligen Geistes in der kommenden Woche in Ihrem Leben umsetzen können.

5. *An einem besonders schlimmen Tag: Vergessen Sie die Predigt ganz und konzentrieren Sie sich auf ein Lied, die Schriftlesung oder auf eine Aussage in einem Gebet, die Sie hellhörig gemacht hat.* Wenden Sie einige der Vorschläge aus den Punkten 1-4 darauf an.

6. *Wenn der Prediger in vorherigen Predigten bereits Falsches verkündigt hat und derzeit dieses Problem behandelt wird (Sie warten z. B. auf die Entscheidung des Ältestenrats), was können Sie dann tun?* Ganz einfach. Sie lernen von der Predigt durch Vergleich mit dem Gegenteil der Aussagen. Wenn Falsches oder Irrlehre gepredigt wird, fragen Sie sich: »Was sagt die Bibel wirklich?« Folgen Sie dieser Strategie, bis Sie wirklich sicher sind, was die biblische Wahrheit ist. Ihr Unterscheidungsvermögen wird besonders geschärft, wenn Sie gute Bücher lesen, die Ihnen helfen, auf dem geraden Weg der Schrift zu bleiben. Und Sie werden sich mit dem Thema auskennen müssen, wenn Diskussionen, z. B. mit dem Ältestenrat, bevorstehen. Eine gründliche theologische Beschäftigung wird Sie dafür vorbereiten.

7. *Bedenken Sie, was es für Jesus bedeutet haben muss, 30 Jahre unter der grauenhaften Verkündigung in der Synagoge zu sitzen!*

Das alles läuft darauf hinaus, dass wir die Lehre des allgemeinen Priestertums ernstnehmen, für die die Reformatoren gekämpft haben. Sie kämpften nicht nur für das Recht, sondern auch die Pflicht, dass jeder einzelne Gläubige direkt zu Gott kommt im persönlichen Gebet und Bibelstudium. Eine autoritäre Kirche versuchte sie zu stoppen – und versagte! Gottes Wort und Gottes Geist haben die größere Autorität.

Doch ist es ebenfalls wichtig zu beachten, dass Jesus seiner Kirche Hirten und Lehrer gegeben hat, um die Gläubigen in ihrer Pflicht zu unterstützen (Eph 4,11-12). Dass alle Gläubigen direkten Zugang zu Gott und der Bibel haben, bedeutet nicht, dass wir den Dienst des Wortes, den der Herr zu unserem Wohl verordnet hat, missachten oder geringschätzen dürfen. Charles Spurgeon hatte nicht ganz Unrecht als er sagte: »Ich habe an allen Enden unseres Landes viele Predigten von Predigern gehört, die man als armselig bezeichnen konnte. Und doch hörte ich nie eine, von der ich nicht doch etwas lernen konnte, wenn ich in der rechten Geisteshaltung war, um davon zu profitieren.«[27] Das führt uns zum Thema des nächsten Kapitels: »Hören wie die Beröer.«

---

[27] T. H. Pattison, *The Making of a Sermon* (Philadelphia: American Baptist Pb. Society, 1898), S. 356.

9

Hören wie die Beröer

Das allgemeine Priestertum der Gläubigen, das ich im letzten Kapitel erwähnte, bedeutet nicht nur, dass Christen das Recht auf direkten Zugang zu Gott im Gebet und in der Schriftauslegung haben, sondern damit einher geht auch eine persönliche Verantwortung. Ich habe bereits einige Aspekte dieser Verantwortung angesprochen. In diesem Kapitel will ich eine Verantwortung besonders hervorheben: die Verantwortung jedes Christen, Wahrheit von Irrtum zu unterscheiden. Diese Verantwortung gilt auch für das Hören von Predigten.

Johannes schreibt in seinem ersten Brief: »Und ihr habt die Salbung von dem Heiligen und habt alle das Wissen« (1Jo 2,20). Damit meint er den Heiligen Geist, den Jesus sandte, um in jedem Christen zu wohnen. Weil er der »Geist der Wahrheit« (Joh 16,13) ist, der eigentliche Autor der Heiligen Schrift, und derjenige, der die erleuchtet, die die Schrift ernsthaft studieren, besitzen die Gläubigen *potenziell* »die ganze Wahrheit«. Das ist eine erstaunliche wie ermutigende Tatsache. Zweifellos wird niemand von uns dieses Potenzial während seines Lebens vollkommen ausschöpfen. Doch Johannes sagt uns, dass wir es haben.

Johannes schreibt weiter: »Die Salbung, die ihr von ihm empfangen habt, bleibt in euch, und ihr habt nicht nötig, dass euch jemand belehre, sondern die Salbung belehrt euch über alles« (1Jo 2,27). Dem entnehmen wir, dass der Heilige Geist die letztendliche Quelle der Wahrheit ist, dass er uns lehrt und dass im Zweifelsfall sogar die von Gott gegebenen Lehrer (wenngleich an sich wichtig und hilfreich) nicht absolut notwendig sind. Auch ein Christ auf einer einsamen Insel, der allein mit seiner Bibel ist, könnte es lernen, Gott anzubeten und ihm zu dienen.

Auch wenn Lehrer wichtig sind, macht Gott uns dafür verantwortlich zu entscheiden, ob das, was diese Lehrer sagen, richtig ist.[28] »Aber wie kann ein einzelner Christ das herausfinden? Nach welchem Maßstab kann beurteilen, ob das Verkündete der Wahrheit entspricht?«

Wir können das auf die gleiche Weise beurteilen wie schon die Beröer, und können den gleichen Maßstab anwenden wie sie:

> Diese [Beröer] aber waren edler als die in Thessalonich; sie nahmen mit aller Bereitwilligkeit das Wort auf und untersuchten täglich die Schriften, ob dies sich so verhielte. Viele nun von ihnen glaubten, und von den griechischen vornehmen Frauen und Männern nicht wenige. (Apg. 17,11-12)

Beachten wir die bemerkenswerte Kombination von sowohl Eifer als auch kritischer Beurteilung bei den Beröern. Persönliche Vorurteile und Vorbehalte, die in die Quere kommen könnten, wie z. B. in Thessalonich, gab es hier nicht. Die Beröer waren gegenüber der Wahrheit, das heißt der biblischen Predigt, grundsätzlich positiv aufgeschlossen. Doch hatten sie eine grundsätzliche

---

[28] Siehe dazu 1. Johannes 4,1 und 5. Mose 13,1-5:

»Geliebte, glaubt nicht jedem Geist, sondern prüft die Geister, ob sie aus Gott sind! Denn viele falsche Propheten sind in die Welt hinausgegangen.« (1Jo 4,1)

»Das ganze Wort, das ich euch gebiete, das sollt ihr bewahren, um es zu tun. Du sollst zu ihm nichts hinzufügen und nichts von ihm wegnehmen. Wenn in deiner Mitte ein Prophet aufsteht oder einer, der Träume hat, und er gibt dir ein Zeichen oder ein Wunder, und das Zeichen oder das Wunder trifft ein, von dem er zu dir geredet hat, indem er sagte: «Lass uns anderen Göttern – die du nicht gekannt hast – nachlaufen und ihnen dienen!», dann sollst du nicht auf die Worte dieses Propheten hören oder auf den, der die Träume hat. Denn der HERR, euer Gott, prüft euch, um zu erkennen, ob ihr den HERRN, euren Gott, mit eurem ganzen Herzen und mit eurer ganzen Seele liebt. Dem HERRN, eurem Gott, sollt ihr nachfolgen, und ihn sollt ihr fürchten. Seine Gebote sollt ihr halten und seiner Stimme gehorchen; ihm sollt ihr dienen und ihm anhängen.« (5Mo 13,1-5)

In jedem Fall müssen wir die Argumente prüfen, mit denen die Behauptungen begründet werden.

Abneigung, ein Vorurteil, gegen alles, was der Wahrheit widersprach.

Als die Beröer die biblische Botschaft hörten, freuten sie sich darüber. Sie waren sich ihrer Verantwortung bewusst, die Gott in 5. Mose 13 verordnet, und sie waren entschlossen, herauszufinden, ob das Gehörte der Wahrheit entsprach. Und sie wussten, wohin sie sich wenden mussten: an die Bibel. Ihre Kompetenz wurde offenbar nur von ihrer Lernbereitschaft übertroffen. In einem ähnlichen Geist drängte auch Augustinus seine Gemeinde, der Predigt mit »brennendem Durst und glühenden Herzen«[29] beizuwohnen. Ein solcher Eifer veranlasste die Beröer, ihre ganze Freizeit dieser Sache zu widmen: Sie »untersuchten täglich die Schriften«. Das Resultat: Es »glaubten viele«.

Eine beröische Gesinnung

Unter fleißigen Bibelforschern florieren zweierlei Einstellungen. Manche erforschen die Schriften, nur um zu entdecken, wo sich der Prediger geirrt hat. Das ist *nicht* der beröische Geist. Viel mehr forschten die Beröer so emsig, weil sie gern die Wahrheit entdecken wollten. Natürlich wird man bei der Suche nach Wahrheit auch auf Irrtum stoßen. Und es ist tatsächlich wichtig zu wissen, wie man die Wahrheit von Irrtum unterscheiden kann.[30] Doch die Art und Weise des Vorgehens ist sehr wichtig.

Manche haben eine Gesinnung entwickelt, die besagt: »Ich kann es kaum abwarten, etwas Falsches zu finden!« Und weil wir alle Sünder sind, einschließlich aller Prediger, kann gewöhnlich in der besten Predigt irgendein Irrtum entdeckt werden. Doch wenn ein Bibelforscher wie die Beröer ist, sagt er: »Ich kann es kaum abwarten, etwas Neues von Gott zu entdecken!«

---

[29] Johannes Quasten and Walter Burghardt, Hrsg., *St. Augustine on the Psalms* (Westminster: The Newmann Press, 1961), S. 248.

[30] Siehe Jay E. Adams, *A Call to Discernment* (Eugene, Oregon: Harvest House, 1988).

Kritisches Denken

Wer diese letztere Gesinnung hat, ist eifrig, aber keineswegs naiv. Die Beröer nahmen Gottes Wahrheit eifrig auf, aber erst, nachdem sie sich systematisch und täglich vergewissert hatten, dass die Aussagen des Predigers mit der Bibel übereinstimmten.

Der Maßstab, anhand dessen sie die Wahrheit beurteilten, war die Heilige Schrift. Sie sagten nicht: »Der Prediger scheint aufrichtig zu sein«, oder: »Er ist intelligenter als ich.« Weder: »Diese Lehren werden wir gerne annehmen, denn sie machen, dass wir uns gut fühlen«, noch: »Ich weiß, dass der Prediger Recht hat, denn ich hatte die gleichen Erfahrungen, seit ich zum Glauben kam.« Nein. Sie nahmen die neue Lehre nicht aufgrund der Person des Predigers an (die häufigen Skandale um Fernsehprediger verdeutlichen, wie gefährlich das sein kann) oder aufgrund von Erfahrungen (auch Sektenmitglieder wie die der »Christlichen Wissenschaft« machen regelmäßig »herrliche Erfahrungen«). Die Beröer ließen all diese falschen und subjektiven Maßstäbe, die oft von unkritischen Christen herangezogen werden, beiseite und prüften alles am objektiven Maßstab der Bibel. Dafür wurden die Beröer gelobt und das ist es, was Gott auch von uns erwartet.

Die kindliche Einstellung, die in Kapitel 5 erwähnt wurde, darf nicht zu Gedankenlosigkeit und Verantwortungslosigkeit führen. Ein Aspekt der Kindlichkeit ist die Bereitschaft zu glauben. Wenn Sie einem Kind erzählen, dass ein kleiner grüner Mann im Radiogerät lebt, der daraus spricht und Musik macht, dann wird es Ihnen glauben. Natürlich meinte Jesus nicht das, als er sagte, dass wir wie kleine Kinder werden sollten. Der Abschnitt über die Beröer in Apostelgeschichte 17,10-12 macht deutlich, dass es nicht das unkritische Denken von Kindern ist, dem wir nacheifern sollten. Das Vorbildliche am Kind besteht eher in der Bereitschaft zu glauben, die Bereitwilligkeit, wie die Beröer neue Wahrheiten zu lernen.

Wir sollen nicht nur »Gläubige« sein, sondern Christus ruft seine Jünger auch auf, »Denkende« zu werden. Paulus schreibt: »Brüder, denkt nicht wie kleine Kinder ... denkt wie Erwachsene« (1Kor 14,20). Der Schreiber der Sprüche drückt es so aus: »Ein Grünschnabel glaubt alles, was man ihm sagt; der Erfahrene prüft es, bevor er handelt« (Spr 14,15, Gute Nachricht Bibel). Das heißt, Gott erwartet von uns einen kindlichen Lerneifer, aber ein erwachsenes Unterscheidungsvermögen, um zu beurteilen, was wir glauben sollen.

Sie sind kein Diktiergerät, das alles unkritisch aufnimmt, was hineingesprochen wird. Sie sind kein Schwamm, der Wahrheit und Irrtum gleichermaßen aufsaugt. Sie müssen lernen zu unterscheiden. Glaube ist kein Sprung ins Dunkle; er ist nicht die Bereitschaft, alles zu glauben, was dem Verstand widerspricht. Er ist kein bloßes Annehmen dessen, was einem gefällt. Glaube ist Vertrauen auf Gottes Wort. Sie müssen immer offen sein für neue Ideen, aber nur so offen, wie es im Einklang steht mit einem *gründlichen* Bibelstudium – so wie bei den Beröern. Die Lehren von der Kanzel und aus den Medien müssen sorgfältig geprüft werden. Erst wenn Sie die Lehre selber erklären und anhand der Bibel klar begründen können, haben Sie das Wort Gottes in dem Sinne »verstanden« wie die gute Erde im Gleichnis vom vierfachen Ackerboden.

Harte Arbeit

Das Lob auf die Beröer in Apostelgeschichte 17,11 lässt darauf schließen, dass sie hart arbeiteten, um die Wahrheit zu erkennen. Täglich studierten sie die Schriften, um beurteilen zu können, ob Paulus die Wahrheit verkündete. Augustinus sagt: »Das Wort der Wahrheit zu hören, ist eine genauso harte Arbeit wie es zu predigen … Darum, bemühen wir uns beim Zuhören.«[31] Und ich habe in früheren Kapiteln betont, dass rechtes Zuhören nicht mit dem letzten Wort der Predigt aufhört, sondern dass nach der Predigt die Arbeit weitergeht. Die Beröer wurden nicht dafür gelobt, dass

---

[31] Johannes Quasten and Walter Burghardt, Hrsg., *St. Augustine on the Psalms* (Westminster: The Newmann Press, 1961), S. 117.

sie ein vorschnelles Urteil über die Verkündigung von Paulus fällten. Sie nahmen Paulus' Botschaft nicht unkritisch und unverzüglich auf. Die Bibel stellt sie als Vorbilder für die große Mühe hin, die nötig ist, um die Botschaft anhand biblischer Maßstäbe zu prüfen. *Das* ist biblisches Zuhören *par excellence*.

Das größte Problem ist die Faulheit und die fehlende Disziplin unter uns verweichlichten Christen. Die Leute wollen die Wahrheit sofort, mundgerecht und ohne große Mühe serviert bekommen. Sie würden es vorziehen, wenn ihnen die Wahrheit nachts im Schlaf (damit sie keine etwaigen Unannehmlichkeiten verspüren) in den Kopf injiziert würde und sie am nächsten Tag aufwachen und im vollen Besitz der Wahrheit sind. Doch wie die Bibel es an vielen Stellen lehrt und am Beispiel der Beröer verdeutlicht, erfordert das Hören des verkündeten Wortes Gottes Zeit und Mühe. Sind wir bereit, auf diese Weise zuzuhören? Sind wir willig, uns zu disziplinieren, um brauchbare Predigtnotizen zu machen, um Zeiten für das weitergehende Studium des Predigtthemas oder -abschnitts einzuplanen, und um zu prüfen, ob das Gesagte wahr ist? Gott macht uns dafür verantwortlich.

Besitzen Sie ein hilfreiches Bibellexikon, eine Konkordanz oder gute Kommentare? Besitzen Sie eine Bibel mit einem Verweissystem oder eine Studienbibel? Wissen Sie damit umzugehen? Wenn Sie nicht damit ausgerüstet sind oder solche Hilfsmittel zwar besitzen, aber nie benutzen, kann es Ihnen kaum ernst mit dem Zuhören sein.

Wie man Predigten beurteilt

Die folgenden Vorschläge können beim bewertenden Bibelstudium eine Hilfe sein.

1. Fragen Sie: »Basierte die fragliche Aussage auf der Schrift, oder war es einfach etwas, was der Prediger von sich aus einwarf?«

2. Vorsicht bei Aussagen, die so beginnen: »Ich glaube ...« »Ich denke ...« »Ich habe den Eindruck ...« Wir wollen nicht die persönliche Meinung des Predigers, sondern eine Botschaft von Gott hören.

3. Fragen Sie: »War das alles zum Thema, oder wurde etwas weggelassen?« Predigten können nicht umfassend vollständig sein. Gibt es andere Gesichtspunkte oder Relativierungen? Ziehen Sie dazu Konkordanz, Kommentare und Bibellexikon heran.

4. Fragen Sie: »Habe ich ihn wirklich verstanden?« Wenn Sie einen wichtigen Punkt nicht verstehen, fragen Sie ein anderen, der die Predigt ebenfalls gehört hat. Wenn alles andere versagt, rufen Sie den Pastor an und fragen Sie ihn (aber treiben Sie ihn nicht auf die Palme, indem Sie ihn jede Woche anrufen).

Das sind nur einige Vorschläge für den Anfang. Nehmen wir nun ein konkretes Beispiel.

Sie hören eine Predigt aus dem Philipperbrief zum Thema Freude. An einer bestimmten Stelle sagt der Prediger: »Du kannst Gott nicht lieben, bevor du ihn nicht fürchten gelernt hast.« Dieser Satz scheint Ihnen sehr bedeutungsvoll, sofern er wahr ist. Außerdem ist er interessant wegen der ungewöhnlichen Gegenüberstellung von »Liebe« und »Furcht«. Diese beiden Worte sind für viele eher gegensätzlich als harmonisch-ergänzend. Doch der Prediger erklärt seine Aussage nicht weiter. Er lässt Sie einfach hängen. Sie schreiben sich den Satz auf. Zuhause nehmen Sie dann eine Konkordanz und schauen sich die Bibelstellen an, in denen die beiden Begriffe vorkommen. Als Ergebnis erkennen Sie nicht nur, dass die Aussage stimmt, sondern Sie verstehen jetzt noch besser den Zusammenhang von Furcht und Liebe. Darum schreiben Sie in Ihr Notizbuch: »Man kann die Freude der Vergebung nicht wirklich kennen lernen, bevor man nicht die Furcht vor der Hölle erfahren hat.«

In derselben Predigt fallen Ihnen noch weitere Aussagen auf: »Wenn du es nicht gelernt hast, deine Eltern, den Staat und andere Autoritäten zu fürchten, wirst du es nie lernen, Gott zu fürchten.« Sie notieren sich diesen Satz ebenfalls. Etwas scheint an dieser Aussage nicht zu stimmen. Sollte das Heil eines Kindes so stark von seinen Eltern abhängen, dass es nicht gerettet werden kann, wenn es nicht das Fürchten gelernt hat? Diese Aussage scheint höchst fraglich. Außerdem bemerken Sie, dass der Prediger auch hier keinen biblischen Beleg nennt, um seine Aussage zu bekräftigen. Tatsächlich meinen Sie, dass die Bibel das Gegenteil lehrt und schreiben in Ihr Notizbuch: »Die Gottesfurcht ist es, die zu Respekt gegenüber anderen Autoritäten führt.«

Die Predigt hat Ihnen also auf zweierlei Arten, auf eine positive und eine negative Art, geholfen, über biblische Wahrheiten nachzudenken. Doch ohne Ihr eigenes weiterführendes Studium hätte die Predigt vermutlich nichts hinterlassen als ein paar verschwommenen Fragen, die mit der Zeit verdunstet wären. Doch weil Sie zu diesen Aussagen selber nachgeforscht haben, hat sich der Nebel nicht nur gelichtet, sondern die biblischen Wahrheiten bleiben Ihnen besser in Erinnerung, weil Sie sie selbst erarbeitet haben.

Meinungsverschiedenheiten

In dem vorherigen Beispiel haben Ihre eigenen Untersuchungen Sie zur Schlussfolgerung geführt, dass die zweite Aussage des Predigers falsch war. Sie kamen sogar zum Ergebnis, dass das Gegenteil wahr ist. Wie sollten Sie mit einer solchen Meinungsabweichung umgehen? Nun, wenn der Prediger die Möglichkeit zur Nachbesprechung bietet oder in der kommenden Woche eine Bibelstunde zum gleichen Thema hält, können Sie Ihre Fragen und Studienergebnisse mitbringen. Es ist möglich, dass auch Ihr Studium korrigiert werden muss, weil Sie etwas missverstanden haben.

Augustinus sagt über Missverständnisse: »Nun passt auf, denn sonst kann es geschehen, dass ihr etwas falsch versteht, und dann werdet ich euch selber in einen Gedankenstrudel werfen, in dem ihr ungestraft sündigen werdet.« Er fährt dann fort und erwähnt eine zweite Form von Missverständnissen, die eher absichtlich als versehentlich zustande kommen: »Sie verstehen es willentlich falsch … Um richtig zu handeln, musst du verstehen wollen, dann wirst du ein klares Verständnis erlangen.[32]

Seien Sie immer offen für die Erklärungen oder Hilfen, die der Pastor Ihnen anbietet. Halten Sie nicht störrisch an Ihren eigenen Vorstellungen fest. Aber vergewissern Sie sich, dass er Sie nur deshalb überzeugt, Ihre Auffassung gegen seine auszutauschen, weil Sie nach längeren Erwägungen zu der Überzeugung gelangt sind, dass seine Auffassungen biblischer sind. Es ist natürlich möglich, dass Ihr Bibelstudium dem Prediger hilft, seine Schriftauslegung nochmal gründlicher zu überdenken.

Wenn es keine Diskussionsmöglichkeiten gibt, können Sie vorschlagen, eine solche Möglichkeit anzubieten, oder können Sie eines der folgenden zwei Dinge tun:

1. Lassen Sie die Sache auf sich beruhen, wenn die Unterschiede nicht so wichtig sind. (Sie können nicht jede Kleinigkeit zum Thema machen. Lernen Sie zu unterscheiden.)
2. Sprechen Sie im privaten Rahmen mit Ihrem Pastor über die Sache.

Augustinus sagte einmal in einer Predigt über Gemeindeglieder, die nicht verstanden, was er sagen wollte: »Wenn man mich zu diesem Punkt weiter fragen will, wird man um Christi willen ein offenes Ohr bei mir finden.«[33] Jeder aufrichtige Pastor würde das für mitdenkende Gemeindeglieder ebenso anbieten. Doch behalten Sie im Hinterkopf, dass in einer sündhaften Welt Christen immer unterschiedlicher Meinung sein werden, weil niemand vollkommen ist und niemand eine hundertprozentig perfekte Bibelkenntnis besitzt.

---

[32] Johannes Quasten and Walter Burghardt, Hrsg., *St. Augustine on the Psalms*, S. 74.
[33] Ebd., S. 157.

Zusammenfassend lässt sich sagen: Es ist wichtig, dass Sie Ihre Stellung und Verantwortung kennen – zu hören wie die Beröer. Wie die Fensterscheibe Wind, Regen und Schmutz draußen hält, aber das Licht und die Wärme hereinlässt, so dürfen auch Sie nur Gottes Wahrheit in Ihr Denken lassen. Alles andere müssen Sie durch den Filter der Schrift aussortieren. Allein die Wahrheit erleuchtet.

10

Ablenkungen

B itte hört mir zu – ihr passt nicht auf. Ich rede zu euch über die Heilige Schrift, und ihr schaut zu den Lampen und zu denen, die sie anzünden. Es ist sehr leichtsinnig, sich mehr dafür zu interessieren, was die Lampenanzünder tun ... Schließlich zünde ich auch eine Lampe an – die Lampe des Wortes Gottes.[34]

Diese Worte von Chrysostomos (347–407) aus seiner vierten Homilie über das Buch Genesis verdeutlichen, dass Ablenkungen kein neuartiges Problem sind. Diese Herausforderung wird wie die Armen immer unter uns sein. Prediger – und ernsthafte Zuhörer – haben schon immer gegen Ablenkungen gekämpft. In seinem Buch »Dienstanweisung für einen Unterteufel« beschreibt C. S. Lewis einen Dämon, der dieses Phänomen ausnutzen will:

Du musst dich sehr auf diese Sitznachbarn verlassen können. Lass seine Gedanken zwischen dem Ausdruck »der Leib Christi« und den Gesichtern nebenan hin- und herwandern.[35]

Die Gottesdienstbesucherin Carole Thomas beschreibt es folgendermaßen:

Was tatsächlich passiert, sieht so aus: Der älteste Sohn beginnt sofort eine Diskussion mit seinem Vater über einen Weltrau-

---

merforschungssatelliten, der in verschiedene Teile des Universums ausgesendet wird. Der jüngere Bruder klettert auf den Schoss des Vaters, in der Hoffnung auf väterliche Zuneigung. Weil ihm dies nicht gelingt, nimmt er das nächstbeste Liederbuch und knickt und faltet fleißig die Seiten. Meine Zeit verbringe ich mit dem Versuch, dem Prediger zuzuhören, innerlich das Geflüster neben mir zu verwünschen, die Blicke jener unglücklichen Sitznachbarn, die dadurch abgelenkt werden und unentwegt meine Familie anstarren, zu vermeiden und ihnen auszuweichen. Ab und zu treffen meine Blicke das Ziel: Das Getuschel wird beendet und ich kann mich wieder der Konversation von der Kanzel widmen.

Doch ich kann mich noch immer nicht konzentrieren. Ich ertappe mich, wie ich den Verlauf des Origami-Wandmusters betrachte, mich wundere, wo Frau Meyer wohl ihren schicken Pulli gekauft hat, und mir eine Ausrede überlege, um nicht zu McDonald's gehen zu müssen. Außerdem ertappe ich mich dabei, wie ich gedanklich Artikel wie diesen hier verfasse. Schuldbewusst erinnere ich mich daran, wo ich mich befinde und kehre angestrengt zurück, um auf die von der Kanzel verkündete Botschaft zu hören. Traurigerweise ist es die Mühe oft nicht einmal wert.[36]

Es gibt tatsächlich eine Fähigkeit, die bei dem durchschnittlichen Gemeindeglied sehr gut ausgebildet ist: »langweilige« Dinge auszublenden.[31]

Diese von Gott gegebene Fähigkeit beruht auf einem Hirnareal, das wegen seiner Form *Retikulärformation* genannt wird (retikulär heißt netzartig). Diese rechteckige »Verbindungsdose« ist fähig, Reize und Impulse (einschließlich solcher Geräusche, die von der Kanzel kommen) vom Gehirn wegzulenken. Die Frontallappen des Gehirns leiten das retikuläre Aktivierungssystem dazu an, die Erregung der verschiedenen Großhirnbereiche zu

---

[36] Carole Thomas, »Open Letters to Preachers«, in *Practice of Ministry in Canada*, Bd. 6, Nr. 1, S. 10.

heben oder zu senken. Kurz, dieses System ermöglicht das »Ausblenden«.

Seit über einer halben Stunde saß ich auf einer Bank im Disneyland in der Nähe eines Gebäudes, das die »Small World«-Ausstellung beherbergte. Während ich wartete, erschallte laut und unaufhörlich das Lied »It's a Small World«. Die einzige Abwechslung bestand darin, dass das Lied in einem endlosen Kreislauf abwechselnd auf Mexikanisch, Italienisch, Hawaiianisch, Deutsch und in anderen Sprachen gesungen wurde. Zu Beginn war es einfach nervtötend. Ich konnte nicht weggehen, weil ich versprochen hatte, meine Frau und meine Kinder dort zu treffen. Ich saß fest. Doch nach einer Weile realisierte ich, dass ich nicht länger genervt wurde. Meine Gedanken wanderten ab und ich hatte die Musik schlicht ausgeblendet. Ich »hörte« sie nicht mehr. Das heißt, meine Retikulärformation dämpfte sie, damit ich die Musik nicht registrierte. Menschen, die in der Nähe eines Wasserfalls oder neben einer Bahnlinie wohnen, lernen bald, die wiederkehrenden Geräusche nicht mehr wahrzunehmen. Natürlich hat sich um sie herum nichts verändert. Es hat sich etwas im Individuum verändert. Dieses Phänomen wollen wir in diesem Kapitel behandeln.

Das Problem ist komplex. Wir lernen nicht nur, Dinge, die uns langweilen oder stören »auszublenden«, wir lernen auch, unsere Aufmerksamkeit auf die Dinge zu richten, die interessanter scheinen. Ablenkung ist dieser Schwenk weg vom Monotonen hin zum Interessanten. Chrysostomos sprach dies an, als er bemerkte, dass sich seine Gemeinde weg von der Predigt und hin zu den Lampenanzündern wandte. Er hatte Recht, als er die rhetorische Frage stellte, was denn wohl wichtiger sei für seine Gemeinde.

Grundsätzlich gibt es zwei Quellen der Ablenkung: eine von außen und eine aus dem Inneren einer Person. Eine Ablenkung darf nicht nur als bloße Störung von außen betrachtet werden. Wir lenken uns selber ab, indem wir unseren Gedanken erlauben abzuschweifen und indem wir bewusst die Empfangskanäle wechseln.

Eine Unterbrechung von außen (wie die Lampenanzünder) ist zwar in der Regel die erste Quelle unserer Ablenkung, doch wenn wir uns dann mehr als nur einen kurzen Augenblick von der Predigt ab- und dem neuen Ereignis zuwenden, sind wir für diese längerfristige Verlagerung der Aufmerksamkeit verantwortlich. Letzten Endes sind wir selbst unsere eigene größte Ablenkung.

Ablenkungen im Umfeld

Wenn Sie es zulassen, werden Sie von allen möglichen Dingen abgelenkt. Vor allem, wenn Sie nicht daran interessiert sind, was Ihr Prediger zu sagen hat. Wanduhren, die so positioniert sind, dass sie von allen gesehen werden können, sind eine Haupturache für Ablenkungen: Manche werden die Botschaft vermessen, statt ihr zuzuhören. Die Raumtemperatur (zu warm, zu kalt, Durchzug) kann ebenfalls wichtiger werden als die Botschaft von Gott. Manche Leute betrachten die Risse in der Mauer oder die abgeblätterte Farbe, während andere die Blumen zählen. Eine andere Lieblingsablenkung sind die Falten im Vorhang hinter der Kanzel. Sind es genauso viele wie letzte Woche?

Während ich dieses Kapitel schreibe, liegt das Monatsblatt meines presbyterianischen Dachverbands (das »Associate Presbyterian Magazine« vom November 1989) auf meinem Schreibtisch. Darin findet sich ein sehr treffender Cartoon aus zwei Bildern. Im ersten Bild sieht man einen Prediger mit seinem Sohn. Der Sohn sagt: »Nun … es hängen 4.314 Akustikplatten an der Decke. In jeder Platte sind 144 Löcher. Das ergibt insgesamt 621.216 Löcher.« Im zweiten Bild läuft der Prediger deprimiert davon und sagt zu sich selbst: »Frage nie deinen eigenen Sohn, wie ihm deine Predigt gefallen hat.«

Manche Gottesdiensträume sind rund oder halbkreisförmig, sodass ein Drittel der Gemeinde einem anderen Drittel gegenübersitzt. Diese Anordnung verleitet die Leute dazu, einander anzusehen, statt auf den Prediger zu blicken. Wenn die Gemeinde den Chor anschaut (und umgekehrt), ist das ebenfalls eine weitere Ablenkung in diesen Gemeinden, wo der Chor hinter dem Prediger sitzen bleibt, während er predigt.

Laute Klimaanlagen und Lüftungsgebläse lenken manche Leute ab, vor allem wenn die Apparaturen während der Predigt mehrere Male ein- und ausschalten. Manche Zuhörer fangen an, die Minuten zwischen den Abständen jedes neuen Luftstoßes von heißer oder kalter Luft zu zählen. Auch Lautsprechersysteme und Soundanlagen bieten eine erstklassige Ablenkung. Vor allem, wenn der Techniker während des Vortrags mit der Lautstärke spielt oder das System zu pfeifen beginnt.

In einer großen Gemeinde brachte der Techniker das Kunststück fertig, es jahrelang nicht hinzubekommen, das Lautsprechersystem vor der Predigt passend einzustellen. Man konnte jede Woche die Uhr danach stellen, wann er an der Tonabstimmung zu tüfteln begann und es an der Zeit war, dass die Lautstärke zwar aufgedreht, aber die Predigt innerlich ausgeblendet wurde.

Kirchen mit vertikalen Streifen oder Vorhängen an der Wand hinter der Kanzel eignen sich ebenfalls dazu, die Gemeindeglieder leicht zu ermüden. Wenn der Prediger davor leicht hin und her schaukelt, versetzt er die Gemeinde geradezu in eine hypnotische Trance. Gedämpftes Licht, allzu bequeme Stühle und dergleichen mehr verstärken diesen Effekt.

Natürlich werden Sie von alledem nicht zwangsweise abgelenkt. Sie können sich dagegen wehren. Doch Gemeinden können solche offensichtlichen äußeren Ablenkungsfaktoren so gut es eben geht vermeiden. Doch es werden immer genügend solcher Zerstreuungshelfer vorhanden sein, wenn man danach sucht und die Aufmerksamkeit verlagern möchte. Der Kreativität sind hier keine Grenzen gesetzt. Die letztendliche Entscheidung, ob Sie einer Predigt zuhören, liegt bei Ihnen. Und es ist nichts weniger als das: eine Entscheidung.

Die Retikulärformation ist ein Segen von Gott, der – wie alle guten Dinge – missbraucht werden kann. Wenn wir ständig alle Geräusche um uns herum bewusst wahrnehmen würden, wäre unser Nervensystem bald überfordert. Sie würden das nicht für eine Stunde aushalten. Darum erlaubt Ihnen das Nervensystem zwischen Geräuschen zu wählen. Dieses Auswahlverfahren bestimmt, was wahrgenommen werden soll und was nicht. Doch wenn dieses System mit Gewohnheit (dem Verhaltensmuster, unbewusste Entscheidungen zu treffen) kombiniert wird, kann diese Filterfähigkeit des retikulären Hirnsystems genauso gut zum Schlechten wie zum Guten verwendet werden. Sie können es lernen, gewohnheitsmäßig bestimmte Schallquellen auszublenden und andere einzublenden.

Es liegt an der Natur des Sünders, dass wir den Verstand von der Wahrheit abgleiten lassen können und zulassen, dass wir uns auf Irrtum oder Unwichtiges konzentrieren. Dieses Problem tritt vor allem dann auf, wenn jemand betet oder einer Predigt zuhört. Selbst Prediger in der Bibel fanden es notwendig, ihre Zuhörer zu ermahnen: »Hört auf das, was ich euch zu sagen habe«. (In Apostelgeschichte 2,14 heißt es wörtlich: »Nehmt dies zu Ohren.«) Wenn Marineoffiziere Aufmerksamkeit wollen, rufen sie: »Hören Sie!« Damit sie eine lange gepflegte schlechte Gewohnheit, die Gott missfällt, ändern können, kann es notwendig sein, dass Sie sich zu Beginn einer Predigt selbst den Befehl erteilen: »Höre zu« oder »Nimm das zu Ohren!«

Ablenkungen durch Menschen

Warum entwickeln wir solche Gewohnheiten? Nicht nur weil wir Sünder sind – das macht es nur zusätzlich einfach, in die falsche Richtung zu gehen. Ein Hauptgrund ist, dass unsere Eltern uns womöglich (unbewusst) dazu erzogen haben, nicht zuzuhören.

Manche Eltern denken (fälschlicherweise), es gefalle Gott, wenn sie ihre kleinen Kinder bereits neben sich in die Kirchenbank setzen, bevor sie fähig sind, den Prediger zu verstehen. Eltern bringen ihren Kindern bei, eine halbe oder dreiviertel Stunde dazusitzen und etwas anderes zu tun, als der Predigt zuzuhören. Manche spielen mit Karten, Puppen und anderen Spielzeugen. Andere zeichnen Bilder oder falten Zettel zu Fliegern und Hüten. Manche schlafen (das ist sicher ein entscheidender Grund

für die spätere Schläfrigkeit während der Predigt als Erwachsene). Etliche Kleinkinder quieken, quengeln, krabbeln am Boden
oder in den Bänken und sorgen so für reichlich Ablenkung für
andere im Gemeindesaal. Diese Possen sind zudem peinlich für
die Eltern und beschäftigen und verärgern sie (sprich: sie lenken
sie ab). Kinder strapazieren die Nerven oft so lange, bis die Eltern den Gottesdienst mit ihnen verlassen müssen. So schaffen
sie noch mehr Unruhe und Ablenkung. Ein Fallbeispiel:

> In meiner Kindheit in den Niederlanden maß ich die Län-
> ge – wohlgemerkt nicht die Qualität – der Predigten mei-
> nes Vaters mit einem allgemein anerkannten Maßstab: Un-
> sere Taschen (oder Mutters Handtasche) beinhalteten immer
> eine weißblaue Rolle King-Pfefferminzbonbons. Wenn mein
> Vater eine kurze Predigt hielt, dann reichten ein oder zwei
> Bonbons. Doch meistens brauchte man drei oder vier – und
> eine Fünf-Bonbons-Predigt war besonders langatmig! Es stört
> mich manchmal, dass ich von all den Predigen, die mein Va-
> ter hielt, eigentlich nur noch die Pfefferminzbonbons in Erin-
> nerung habe. Außerdem erinnere ich mich noch daran, dass
> ich mich regelmäßig an Mutters Seite kuschelte, was mich
> wärmte und beruhigte.[37]

Sich an die Mutter zu kuscheln, ist für Kinder völlig in Ordnung – aber nicht für einen Erwachsenen! Und manche oder sogar die meisten Erwachsenen merken, dass eine solche kindische
Gewohnheit immer noch existiert. Die Predigt bleibt für sie eine
Zeit, in der man am liebsten gewärmt und beruhigt wird. Erwachsene erlauben ihren Gedanken in Tagträumereien abzuschweifen und sich gedanklich mit allen möglichen Spielzeugen zu
beschäftigen oder sich an ihre Lieblingsgedanken anzukuscheln.
    Ich weiß, dass ich damit Zündstoff anspreche. Aber es muss
gesagt werden, weil es biblisch notwendig ist. Es ist nicht be-

---

[37] A. H. Harry Oussoren, »Up Front«, in *Practice of Ministry in Canada* (März
1989), S. 3.

sonders fromm, die Kinder zur Schriftauslegung mitzubringen, bevor sie verstehen, was gesagt wird. Nehemia 8,1-8 berichtet von der ersten öffentlichen Gesetzeslesung der Juden nach ihrer Rückkehr aus der babylonischen Gefangenschaft. Dort lesen wir, dass alle »die verstehen konnten, was gesagt wurde« versammelt waren, um der Lesung und Auslegung des Gesetzes zuzuhören (Verse 2-3.8). Die anderen wurden offenbar zu Hause gelassen oder womöglich Betreuern anvertraut, die ihnen einen Unterricht erteilten, den sie ihrem Alter entsprechend verstehen konnten (was viele Gemeinden sinnvollerweise ebenfalls machen).

Wenn Sie Ihre Kinder davon abhalten, der Predigt beizuwohnen, bis sie alt genug sind, um die Botschaft zu verstehen, dann werden sie über all diese Jahre keine schlechten Zuhör-Gewohnheiten entwickeln. Eine einheitliche Altersgrenze gibt es nicht. Die einen Kinder sind früher reif dazu als andere. Was ebenso wichtig ist: Die Kinder werden dann keine anderen Gottesdienstteilnehmer (oder ihre eigenen Eltern) durch irgendwelche Possen auf der Kirchenbank oder durch Toilettengänge ablenken. Sie werden das Zuhören eher als Privileg denn als Strafe betrachten!

Ich habe zwar schon einige Ablenkungen durch Menschen erwähnt (Beobachten des Chors oder der Gemeinde), doch möchte ich noch einige weitere anführen. Die »Modeschau« ist eine Lieblingsbeschäftigung bei Frauen. »Ich frage mich, warum sie diese Ohrringe zu diesem Kleid trägt.« Männer kann es schwerfallen, ihren Blick von attraktiven Frauen (oder deren Anatomie) abzuwenden. Und Gläubige, die während der Predigt über ihr Haar streichen, ihre Hemden glätten oder ihre Krawatten richten, machen deutlich, dass sich ihre Gedanken hauptsächlich darum drehen, welchen Eindruck sie auf andere machen. Offensichtlich sind sie nur teilweise darauf fokussiert, was der Prediger sagt.

Eine weitere Form von Ablenkung ist es, wenn man mit vielen Sorgen beladen zur Gemeinde kommt. Man sollte sich nicht nur bereits am Vorabend auf die Predigt vorbereiten, sondern (wie schon erwähnt) genügend Zeit einberechnen, um in Ruhe zur

Gemeinde zu kommen. Streitereien und Probleme sollten vor dem Gottesdienst strikt vermieden werden.

Wir lenken uns auf vielerlei Weise ab. Alle denkbaren Ablenkungen konkret anzusprechen, würde hier viel zu weit führen. Wahrscheinlich hat jeder seine eigenen speziellen Ablenkungen zusätzlich zu denen, die allen gemeinsam sind. Diese speziellen Ablenkungen sind vermutlich die größte Schwierigkeit beim Zuhören. Auch wenn ich sie hier nicht behandeln kann, schlage ich Folgendes vor:

- Machen Sie eine Liste aller Ablenkungen, mit denen Sie zu kämpfen haben, insbesondere Ihrer ganz persönlichen Steckenpferde.
- Nehmen Sie diese Liste mit und lesen Sie sie unter Gebet kurz vor Beginn des Gottesdienstes. Bitten Sie Gott, Ihnen zu helfen, gegen diese Ablenkungen anzukämpfen.
- Sagen Sie sich zu Beginn der Predigt: »Hör zu!«

Es ist wichtig, Ablenkungen möglichst schon im Vorfeld vorauszuahnen und dann gegen sie vorzugehen. Wenn zum Beispiel Kinder im Gottesdienst sitzen, die zu jung sind, um die Predigt zu verstehen, dann setzen Sie sich so weit wie möglich weg von diesen Kindern. Wenn Sie ab und zu im Gottesdienst einschlafen, dann rate ich Ihnen (zusätzlich zu dem, was ich in Kapitel 3 über ausreichend Schlaf gesagt habe), sich in die vorderste Reihe zu setzen. Erinnern Sie sich an das englische Sprichwort: »Sit near ... and hear!« (»sitze nahe ... und höre«). Es ist einfacher, Ablenkungen zu meiden, wenn sich diese hinter einem befinden, und es ist schwieriger einzunicken, wenn man direkt vor dem Prediger sitzt. Die erste Bankreihe ist eine gute Lösung, um viele Probleme des Zuhörens zu lösen (doch bemerkenswerterweise ist die erste Reihe meistens nicht besetzt).

Erlauben Sie Ihren Gedanken nicht abzuschweifen. Führen Sie sie beständig zurück zur Botschaft. Arbeiten Sie daran. Üben Sie Woche für Woche, bis Sie Ihre Gedanken unter Kontrolle haben (wie es Philipper 4,8-9 fordert). Und erlernen Sie gute Zuhörgewohnheiten. Sie müssen es lernen, Ihre Gedanken zu disziplinieren.

Auf die rechte Weise Notizen zu machen, hilft manchmal; aber machen Sie nicht zu viele Notizen, sondern notieren Sie nur Neues oder Fragwürdiges. Ausgiebiges Notizenmachen kann zu einem Selbstzweck verkommen und damit selbst zu einer Ablenkung werden. Ich werde in Kapitel 12 noch darauf zurückkommen.

Als Beethoven taub wurde, entdeckte er, dass er Klaviertöne erkennen konnte, wenn er einen Holzstab zwischen die Zähne klemmte und das andere Ende an den Resonanzkörper des Klaviers hielt. Die Schallwellen wurden so ohne den Umweg über die Luft direkt in sein Ohr übertragen. Was für ein verzweifelter Versuch, etwas zu hören! Wir, die wir ein gutes Gehör (oder ein gutes Hörgerät) haben, müssen ebenso viel Mühe an den Tag legen, um die Akkorde der Wahrheit und die Harmonien des Himmels zu hören, die aus Gottes heiligen Wort gepredigt werden!

11

Der Prediger und Sie

Als wir über das Priestertum aller Gläubigen sprachen, habe ich erwähnt, dass Jesus laut Epheser 4 Hirten und Lehrer eingesetzt hat, um die Gemeinde dafür auszurüsten, biblische Wahrheit zu verstehen und in die Tat umzusetzen. Aber ich wies auch darauf hin, dass die Lehrer nicht in einem absoluten Sinn notwendig sind. Alle Gläubige haben die »Salbung« (den Heiligen Geist), sie haben »alle das Wissen« und »kennen die Wahrheit«, die sie »von Anfang an gehört haben« (1Jo 2,20-21.24). Doch unter gewöhnlichen Umständen sind die von Gott gegebenen Lehrer wirklich notwendig und erfüllen eine unersetzliche Aufgabe. Die Gemeinde braucht Prediger und Lehrer.

Eine enthusiastische Gemeinde

In diesem Kapitel möchte ich über die Tatsache reden, dass der Prediger andererseits auch die Gemeinde braucht. Es ist offensichtlich so, dass es ohne Gemeinde auch keine Predigt gibt; doch das meine ich nicht. Volle Gemeindehäuser und enthusiastische Versammlungen bedeuten bessere Predigten. Tatsächlich ermutigen solche Gemeinden ihren Prediger, so dass er brilliert. Ein Grund, weshalb ein Prediger langweilig ist, kann darin bestehen, dass er einfach auf eine lustlose Gemeinde reagiert. Und ein Grund, warum eine Gemeinde lustlos ist, ist der, dass Sie – und andere wie Sie – bisher lustlose und langweilige Zuhörer gewesen sind.

Eine Gemeinde und ihre einzelnen Glieder können die Predigt auf vielerlei Weise beeinflussen. Leere Stuhlreihen, die eigentlich voll sein sollten, können einen Prediger entmutigen, sodass er anfängt, »Wozu-das-Ganze?-Predigten« zu halten. Oder er erliegt der Versuchung, auf die wenigen verbliebenen Zuhörer einzuschimpfen. Chrysostomos sagte, er werde ungeachtet der Umstände predigen:

> Wenn nicht alle zuhören, so hört doch die Hälfte zu, wenn nicht die Hälfte, dann ein Drittel, wenn nicht ein Drittel, dann ein Zehntel. Selbst wenn nur einer aus der Menge zuhört, so lass ihn zuhören. Es ist keine kleine Sache, selbst wenn nur ein Schaf gerettet wird, denn der Hirte ließ die neunundneunzig Schafe zurück und suchte das eine, das verloren war. Ich schätze niemanden gering; selbst wenn es nur einer ist, er ist ein menschliches Geschöpf ... Ich werde auf keinen Fall aufhören zu reden, selbst wenn niemand zuhört ... Ich bin ein Lehrer, mir wurde geboten zu unterweisen ... Vorwände und Ausreden werden von achtlosen Hörern eingebracht.[38]

Doch Chrysostomos war eine Ausnahme. Wenige Prediger sind so entschlossen. Und selbstverständlich spricht Chrysostomos von »Mengen«, die in seinem Fall immer gegenwärtig und ungewöhnlich enthusiastisch waren. In diese rein hypothetische Situation, die er hier beschrieb, ist er selbst wohl nie geraten.

Als einmal in einem ländlichen Ort in England bei schlechtem Wetter der Pastor fehlte, predigte ein Laienprediger zu der kleinen Gemeinde. Unter den Gottesdienstteilnehmern war ein junger Mann namens Charles Spurgeon. Gott gebrauchte diese Predigt, obwohl sie von ihrer Form, ihrem Inhalt und der Art des Vortrages äußerst schlecht war. Durch diese Predigt bekehrte sich Spurgeon und wurde zu einem der großartigsten Prediger, den die Welt je gesehen hat. Jeder Prediger kennt diese Geschichte; jeder Prediger weiß, dass Gott auch unter einer kleinen Herde große Dinge tun kann, wenn er will. Aber eine schwache Gottes-

---

[38] Johannes Chrysostomos, *On Wealth and Poverty* (Crestwood, N.Y.: St. Vladimir's Seminary Press, 1984), S. 99-100.

dienstteilnahme und immer weiter sinkende Teilnehmerzahlen können einen Prediger entmutigen.

Oft entsteht beim Predigen eine Art Eigendynamik. Wenn der Prediger sich gut vorbereitet hat und dann anhand vielleicht nur stichwortartiger Predigtnotizen recht frei predigt und seine Worte und Sätze spontan formuliert, dann bekommt er plötzlich neue Gedanken und Ideen, die er nicht geplant hatte. Oft stellen sich diese Punkte dann als die besten seiner Predigt heraus. Gute Prediger erkennen das und schreiben diese Gedanken nach dem Gottesdienst nachträglich in ihr Predigtmanuskript.

Die Ermutigung einer guten Gemeinde mit vollen Stuhlreihen, freudig-empfänglichen und durch Gebet unterstützenden Zuhörern, schafft eine Atmosphäre, die der Heilige Geist gebraucht, um die Gedanken des Predigers so zu führen und zu ordnen, wie er es vorher nie beabsichtigt hatte. Die Predigt hat sich – nachdem sie das Studierzimmer verlassen hat und erst während ihres Vortrags – ein Stück weiterentwickelt. Was ich damit sagen möchte: Die Gemeinde hilft dem Prediger, der Versammlung besser dienen zu können. Henry Ward Beecher (1813 – 1887) erkannte das, als er sagte: »Eine Zuhörerschaft weckt in mir immer alle Kräfte, die ich besitze. Es gibt nichts in der Welt, was mich mehr stimulieren würde. Es weckt Denkkraft und Einfallsreichtum in mir.«[39] Eine gute Gemeinde, die ihren Prediger förmlich anfeuert, hilft ihm mehr als alles andere, seine Predigtfähigkeit zu verbessern. Hörbare »Amen«, gut platziert und nicht zu häufig, sind nicht nur biblisch, sondern auch ermutigend.

Bleiben Sie begeistert

Einzelne Gemeindemitglieder können ebenfalls hilfreich sein. Ein ermutigendes Wort kurz vor dem Gottesdienst (»Pastor, ich habe mich die ganze Woche auf die Predigt gefreut!«) kann eben-

---

[39] T. H. Pattison, *The Making of the Sermon* (Philadelphia: American Baptist Pub. Society, 1898), S. 361.

falls Wunder bewirken, wenn es ehrlich gemeint ist. Wann haben Sie das letzte Mal so etwas zu *Ihrem* Prediger gesagt? Wenn Ihre Haltung dabei aufrichtig ist und Sie darauf vorbereitet sind, die in diesem Buch genannten Prinzipien und Praktiken anzuwenden, dann können Sie so etwas sagen, selbst wenn die Botschaft Ihres Pastors an sich viel zu wünschen übriglässt.

In einem früheren Kapitel sprach ich darüber, dass man den Prediger als einen Botschafter anerkennen sollte, der Gottes Botschaft überbringt. Ich bat Sie, sich nicht die Botschaft entgehen zu lassen, weil Sie damit beschäftigt sind, den Botschafter zu kritisieren. Ich habe Sie ermutigt, zwischen der Botschaft und dem Botschafter zu unterscheiden und vielmehr auf Gott zu schauen, von dem die Botschaft eigentlich stammt. Karl Heim, ein deutscher Predigtlehrer, sagte:

> Es ist diese Tatsache, die den Predigten, die in unseren Kirchen gepredigt werden, so oft die Kraft raubt. Wie es für einen überladenen Lastwagen unmöglich ist, einen Berg hinaufzufahren, so wird das von der Kirche verkündete Wort Gottes, das überladen ist mit den Sünden der Verkündiger, kraft- und wirkungslos gemacht. Die Worte werden ihrer Kraft beraubt, weil sie von Sündern verkündet werden. Es ist nicht möglich, eine Botschaft völlig von demjenigen zu trennen, der sie übermittelt und repräsentiert.[40]

Heim hat Recht – man kann keine absolute Unterscheidung zwischen Botschaft und Botschafter treffen. Aber soweit es möglich ist, müssen Sie dazwischen unterscheiden, damit Ihnen nicht Gottes Wahrheit entgeht, weil Sie sich vom Botschafter abstoßen lassen. Diese Unterscheidung zwischen Botschafter und Botschaft meinte wohl auch Jesus, als er seinen Jüngern sagte, sie sollen das tun, was die Schriftgelehrten und Pharisäer sagten, weil sie sich auf »Moses Lehrstuhl gesetzt haben«, aber sie sollen nicht nach ihren Werken tun (Mt 23,2-3).

---

[40] Karl Heim, *The Gospel of the Cross* (Grand Rapids: Zondervan, 1937), S. 103.

Vielleicht aber liegt das Problem tiefer als nur bei den Defiziten des Predigers oder seiner Predigten. Vielleicht haben Sie und Ihr Prediger einen Konflikt. Ihr Problem ist größer als zu wenig Sympathie für ihn. Aus irgendeinem Grund leben Sie nicht in Frieden mit ihm. Er mag sich dessen bewusst sein oder auch nicht. Wenn er es weiß, dann sollte er auf Sie zukommen und versuchen, die Beziehung wieder in Ordnung zu bringen. Doch vielleicht handelt es sich um ein Missverständnis und er hat gar nicht gemerkt, dass Sie etwas gegen ihn haben. In beiden Fällen müssen Sie zu ihm gehen und die Sache auf eine biblische Weise lösen (Lk 17,3).[41] Gott verbietet es, die Sonne über Ihrem Zorn untergehen zu lassen. Darum ist es eine Sünde, wenn Sie mit einer solchen Last auf Ihren Schultern in die Gemeinde kommen. Auch wenn Sie einen Groll gegen jemand anderes in der Gemeinde hegen, kann das die Predigtatmosphäre vergiften. Eine solche Verschmutzung muss bereinigt werden!

Doch dabei muss ich hinzufügen: Wenn Sie mit irgendeiner Aussage, die der Prediger während der Predigt gemacht hat, nicht einverstanden sind, sollten sie es ihm nicht gleich am Ausgang nach dem Gottesdienst sagen. Das sind keine persönlichen Differenzen, die zu Unfrieden zwischen Ihnen führen. Diskussionen über Meinungsverschiedenheiten können eine Weile warten.

Als ich am *Westminster Theological Seminary* mit meinem Predigt-Unterricht (Homiletik) begann, stellte ich fest, dass die Dozenten die Predigten der Studenten immer sofort nach der Verkündigung besprachen. Mit der Zeit änderte ich das, weil ich entdeckte, dass diese Methode nicht nur den Sinn für Ehrfurcht und Anbetung in der Klasse dämpfte, sondern auch, dass der Prediger selten überhaupt Kritik bekam. Stattdessen sagte ich dem Studenten nach seiner Predigt jeweils, er solle während

---

[41] Für Details zum Thema Versöhnung und Vergebung siehe Jay Adams, *70 x 7 – Das Einmaleins der Vergebung* (Christlicher Missions-Verlag, Bielefeld 2006). Oder ausführlicher: Ken Sande: *Sei ein Friedensstifter – das Handbuch zur biblischen Konfliktlösung* (Oerlinghausen, Betanien Verlag 2015, Letzteres ist eine Ergänzung des dt. Herausgebers.)

der Woche die Videoaufnahme seiner Predigt anschauen und nächste Woche würden wir dann die Predigt unter uns besprechen. Das funktionierte viel besser. Wenn ein Prediger förmlich darauf brennt, seine Botschaft zu vermitteln, und mit jeder Faser seines Körpers darauf aus ist, das weiterzugeben, wovon er als Gottes Botschaft überzeugt ist, dann ist er direkt anschließend nicht in dem Zustand, um Kritik anzunehmen. Sein Körper läuft für diese Aufgabe biochemisch auf Volltouren. Kritisieren Sie ihn unmittelbar nach der Predigt, während er noch immer darauf eingestimmt ist zu predigen, wird er – und sollte er – bereit sein, für seine Wahrheit zu kämpfen. Aus diesem Grund empfehle ich sehr, mit negativen Kommentaren über die Predigt zu warten. Zu einem späteren Zeitpunkt, wenn der Prediger nicht mehr im Kampf- und Verteidigungsmodus ist, bekommen Sie mehr Gehör.

Außerdem werden auch Sie Zeit haben, sich zu beruhigen, die Dinge noch einmal zu überdenken und der Sache gründlich nachzugehen. Es könnte ja sein, dass Sie Ihre Meinung ändern, wenn Sie sich einmal Zeit genommen haben, über die Aussagen des Predigers nachzudenken. Vielleicht erkennen Sie, dass die Sache doch nicht so wichtig ist, wie Sie zunächst dachten. Auf jeden Fall werden auch Sie einen viel kühleren Kopf haben, wenn Sie sich vor einem konfrontierenden Gespräch Zeit nehmen, um sich zu beruhigen.

Dieses Thema führt zu einem weiteren Punkt: Passen Sie auf Ihre »roten Knöpfe« auf. Ein Prediger (oder sonst jemand) kann viele Lehrthemen-Knöpfe ungestraft drücken. Wenn Sie eine andere Meinung vertreten als er, reagieren Sie liebevoll, sachlich und geradezu akademisch – sofern das Thema Sie überhaupt schert. Doch wehe, er trifft dabei einen Ihrer *roten* Knöpfe, dann explodieren Sie. Kappen Sie die Kabel dieser Knöpfe, bevor Sie zum Gottesdienst gehen.

Einer der vernünftigsten, gelehrtesten, angenehmsten und gelassensten Menschen, die ich kannte, war ein Professor, ein Pfundskerl. Aber er hatte drei rote Knöpfe, die man nicht berühren durfte: Eschatologie, christliche Freiheit und Absonderung.

Einmal betätigte ich den Eschatologie-Knopf und er ließ es mich nie mehr vergessen. Er plagte mich jahrelang deswegen. Geben Sie nicht Ihrem Prediger die Schuld, wenn er den ganzen Ratschluss Gottes verkündet und dabei auch Bereiche anspricht, auf die Sie überempfindlich reagieren. Stattdessen müssen Sie Selbstbeherrschung lernen. Es ist nämlich nicht sein Problem, sondern Ihres.

Auf dieser Linie liegt auch Ihre Reaktion auf bestimmte emotionsgeladene Begriffe. Manchmal muss man nur bestimmte Worte nennen (Erwählung, Entrückung, Irrtumslosigkeit …), um manche Leute aus der Reserve zu locken. Werden Sie sich bewusst, bei welchen Begriffen Sie schnell »rot sehen«, und lernen Sie es, sich zu beruhigen, wenn Sie diese Stichworte hören. Manche regen sich so sehr auf, dass sie Dinge in die Predigt hineinlesen, die der Prediger nie sagen wollte. Auf jeden Fall werden Sie nie die Fähigkeit haben, von Ihrem Prediger Neues zu lernen, wenn Sie nicht die Frucht der Selbstbeherrschung (Gal 5,23; meist mit »Enthaltsamkeit« übersetzt) entwickeln.

Kurz gesagt, Sie müssen sicher sein, dass Sie von Ihrer Seite her alles Mögliche tun, um eine gute Beziehung zu Ihrem Prediger zu haben (Röm 12,18) und es lernen, dass keinerlei zwischenmenschlichen Probleme Sie an fruchtbarem Zuhören hindern und Sie der Wahrheit Gottes berauben.

Gebet

Die Bibel verdeutlicht, dass wir für den Prediger beten sollen. Ganz besonders für seine Verkündigung. Paulus schreibt:

> Betet auch für mich, dass Gott mir die rechten Worte in den Mund legt und ich das Geheimnis der Guten Nachricht freimütig bekannt machen kann. Auch jetzt im Gefängnis bin ich ein Botschafter in ihrem Dienst. Betet darum, dass ich aus ihr die Kraft gewinne, sie mutig und offen zu verkünden, wie es mein Auftrag ist. (Eph 6,19-20)

Und an anderer Stelle:

> Betet dabei auch für uns, dass Gott uns eine Tür öffnet für seine Botschaft. Wir sollen ja das Geheimnis bekannt machen, das in Christus beschlossen ist. Als Verkünder dieses Geheimnisses sitze ich hier im Gefängnis. Bittet Gott darum, dass ich es weiterhin offenbar machen kann, wie es mein Auftrag ist. (Kol 4,3-4)

Das sind bemerkenswerte Bitten, wenn wir bedenken, dass Gott den Aposteln versprach, ihnen durch den Heiligen Geist nicht nur die rechten Inhalte, sondern auch die rechten Worte zu geben, um den Inhalt zu vermitteln (Mt 10,19-20; Mk 13,11; Lk 12,11-12; 21,14-15). Offenbar wirkt Gott in dieser Weise durch seinen Heiligen Geist, wenn er die Gebete der Gläubigen erhört – und nicht losgelöst von menschlicher Beteiligung. Deswegen bat Paulus diese Gemeinden, für ihn zu beten, damit er klar, mutig und mit den rechten Worten predigen kann. Wenn also sogar der Apostel Paulus Gebet brauchte, dann braucht unser Prediger erst recht Gebet – auch wenn er ein noch so guter Prediger ist!

Beten Sie zusammen als Familie für Ihren Prediger. Beten Sie für seine Vorbereitungen während der Woche. Beten Sie für das Halten der Predigt am Sonntag. Und beten Sie für das Zuhören und die Empfangsbereitschaft der Gemeinde (wozu auch Sie gehören).

Im Jahr 1872 ging Dwight L. Moody zur Erholung nach London. Während seines Urlaubs fühlte er sich gedrängt, an einem Sonntag zu predigen. Der Ort schien tot und kalt und Mr. Moody selber war nur halbwegs auf der Höhe. Doch während er predigte, wachte er plötzlich auf und befand sich in einer Atmosphäre, die vom Heiligen Geist erfüllt war … Auf der Stelle begann ein Werk der Gnade.

Was war das Geheimnis dahinter? Ein Freund erzählt es: »Zwei Schwestern gehörten zu dieser Gemeinde. Die eine war gesund, die andere bettlägerig. Als die kranke Frau eines

Tages sich wegen ihrer Krankheit grämte, kam ihr der Gedanke, dass sie ja beten könnte. Und so begann sie zu beten, dass Gott ihre Gemeinde erwecken möge. Aber die Gemeinde blieb tot und kalt. Als sie von Dr. Moodys Versammlungen in Amerika las, bat sie Gott darum, ihn eines Tages zu ihrer Gemeinde zu senden. Als ihre Schwester eines Morgens vom Gottesdienst zurückkam, sagte sie: »Weißt du, wer heute Morgen bei uns predigte? Mr. Moody aus Amerika.« Die kranke Frau wurde ganz bleich und sagte: »Jetzt weiß ich, dass Gott mein Gebet erhört hat.« Den ganzen Nachmittag fasteten und beteten sie, und im Abendgottesdienst kam die Antwort in Form des »Feuers vom Himmel«.

Vielleicht kannten nur wenige in London diese Frau; aber Gott kannte sie, und als Erhörung ihrer Gebete schenkte er dieser Kirche eine Erweckung.[42]

Viele solcher Berichte bezeugen: Wenn eine Gemeinde oder einzelne Gläubige erst einmal damit beginnen, eifrig für ihren Prediger zu beten, können nicht nur seine Predigten besser werden, sondern sogar Erweckungen ausgelöst werden.

In seinem zweiten Diskurs über Psalm 31 sagte Augustin seiner Gemeinde:

Zu Beginn möchte ich meine Unfähigkeit euren Gebeten anbefehlen, *damit mir Rede verliehen werde*, wie der Apostel sagt, *dass ich meinen Mund öffne* und mich so an euch wende, dass das Reden für mich keine Gefahr darstellt und euer Zuhören euch zum Heil dient.[43]

Doch bedenken Sie: Wenn Sie für klare Predigten beten, dann *erwarten* Sie auch solche. Erwarten Sie nicht nur, dass die Lehre

---

[42] Thomas Horton, *The Potency of Prayer* (New Tappan, N.J.: Fleming H. Revell, 1928), S. 92.

[43] Johannes Quasten and Walter Burghardt, Hrsg., *St. Augustine on the Psalms* (Westminster: The Newman Press, 1961), S. 62.

Ihres Predigers leichter verständlich wird, sondern dass die Klarheit, mit der er spricht, Sünde in Ihrem Leben deutlicher berührt als je zuvor und Sie von diesen Sünden überführen werden. Erwarten Sie Herausforderungen aus der Heiligen Schrift, denen Sie bisher ausweichen konnten, weil sie unklar gepredigt wurden, aber jetzt so deutlich sind, dass Sie nicht darum herumkommen. Doch auch kostbare Verheißungen sollten nun mit ebenso neuer Klarheit hervorstrahlen.

Bedenken Sie auch, wenn Sie um Freimütigkeit für Ihren Prediger beten, bedeutet das, dass er mit einer neuen Freiheit über Dinge redet, vor denen er sich vorher gedrückt hat. Er wird anfangen, sich in Ihr Leben »einzumischen«. Er wird furchtlos konkret werden in Sachen Sünden, er wird direkter sprechen, und er wird kein Blatt vor den Mund nehmen. Er wird harte Dinge sagen, die manche von Ihnen nicht hören wollen.

Ihre Gebete werden dazu führen, dass gewisse Leute ärgerlich werden; andere werden vielleicht sogar die Gemeinde verlassen. Wieder andere werden Gerüchte verbreiten oder den Prediger sogar das Leben schwermachen. So geschah es den Predigern in der Bibel, die deutlich und mutig sprachen. Halten Sie zu Ihrem Prediger und beten Sie für ihn! Treue, betende Hörer werden unter dieser Art von Verkündigung wachsen. Tatsächlich könnte eine Erweckung, wie Sie sie nie für möglich gehalten hätten, Ihre Gemeinde erfassen.

Das Fazit dieses Kapitels ist: Sie haben einen entscheidenden Teil am Predigtdienst Ihrer Gemeinde beizutragen. So dienen Sie Ihrem Prediger, Ihrer Gemeinde, sich selbst und vor allem dem Herrn!

12

Die Anwendung

lles bisher Gesagte ist praktisch wertlos, wenn es nicht angewendet wird. Es ist wunderbar zu *wissen*, was wir tun sollen, aber wenn wir niemals tatsächlich *tun*, was Gott sagt, was wird uns unsere Erkenntnis nützen? Genau das meinte Jakobus, als er schrieb: »Glaube ohne Werke ist tot« (Jak 2,7). Denselben Gedanken beschreibt er bildhaft mit dem Blick in den Spiegel des Wortes Gottes: Manche schauen hinein, aber dann wenden sie sich wieder ab und vergessen die Sünden und Fehler, die ihnen eben noch deutlich wurden. Sie vergessen ihre Sünden auf die gleiche Weise, wie wir Pickel in unserem Gesicht vergessen (Jak 1,23-25).

So hören, dass es Gott ehrt

Auf der Rückseite des Schaukastens einer Gemeinde steht ein Vers, den die Gottesdienstbesucher beim Verlassen des Gebäudes sehen und der diese Sache auf den Punkt bringt: »Seit Täter des Wortes und nicht nur Hörer« (Jak 1,22). Oder: Ein Mann stand eines Sonntagmorgens nach dem Gottesdienst von seinem Sitzplatz auf und sagte: »So, jetzt ist die Predigt vorbei.« Doch sein Banknachbar erwiderte: »Nein, jetzt fängt sie erst richtig an!« Ein Hören, das Gott ehrt und von ihm gesegnet wird, ist ein Hören im Sinne von »gehorchen«.[44]

---

[44] Ähnlich wie im Deutschen kann das griechische Wort für »hören« auch »gehorchen« bedeuten, vor allem, wenn darauf ein Genitiv folgt. Wenn ein Akkusativ folgt, kann auch die bloße Sinneswahrnehmung gemeint sein.

Hören ohne Gehorsam ist wertlos. Ein altes Sprichwort lautet:

Ich höre und ich vergesse.
Ich sehe und ich erinnere.
Ich tue und ich verstehe.

Dieses Sprichwort besagt, dass man den Willen Gottes nicht wirklich »versteht«, wenn man ihn nicht *tut*. Genau diese Art von Verstehen meinte Jesus, als er im Gleichnis vom vierfachen Ackerboden von denen sprach, die das Wort Gottes *verstehen* und *Frucht bringen*.

Tatsächlich ist Gehorsam das, was die Bibel mit »hören« meint. Beachten wir die folgenden Verse aus Jeremia:

»Wir haben der Stimme des Herrn nicht gehorcht!« (Jer 3,25). Wenn Gott spricht, erwartet er, dass man auf ihn hört im Sinne von gehorchen.

»Du sollst reden ... aber sie werden nicht hören« (Jer 7,27). Gott sendet seinen Propheten mit einem Wort, dem gehorcht werden soll, aber sein Volk wird nicht »hören«. Das heißt, sie werden ihn nicht beachten; sie werden seinen Aufforderungen nicht nachkommen.

»Aber wenn sie nicht hören werden ... Wenn du aufmerksam zuhörst« (Jer 12,17; 17,23-24.25.27). »Aufmerksam zuhören« heißt zuhören mit der Absicht, das Gehörte zu tun.

»Aber ihr habt nicht auf mich gehört, spricht der HERR, um mich durch das Tun eurer Hände zu reizen, euch zum Unheil« (Jer 25,7). Gott wird zornig, weil das Volk nicht hört (vgl. 26,3-6).

Immer wieder stehen die Diener Gottes im ganzen Alten Testament vor der Herausforderung, dass sie eine Botschaft von Gott haben, aber nicht auf sie gehört wird. Vielleicht werden sie akustisch gehört, aber die Leute hören in dem Sinne nicht auf sie, dass sie sich nicht ändern. Ich zitiere quasi zufällig aus Jeremia, um zu zeigen, dass sich dieses Thema durch das ganze Buch zieht. Aber was in Jeremia steht, findet sich überall in den Prophetenbüchern. Und wie bei Jakobus deutlich wird, ist fehlendes Hören im Sinne von Gehorchen und Tun auch ein neutestamentliches Problem.

Warum wir dem Wort nicht gehorchen

Nun gibt es verschiedene Gründe für dieses fehlende Praktizieren des Gehörten. Erstens haben wir bereits zu Beginn gesehen, dass Ungläubige Gott nicht gefallen können (Röm 8,8). Sie »hören« zwar mit dem äußeren Ohr, aber sie haben keine geistlichen Ohren (Mt 15,8). Der Grund, warum manche Gemeindeangehörigen der Stimme Gottes nicht gehorchen, ist sicherlich der, dass sie nur formale Bekenner, aber nicht wiedergeboren sind. Zu viele Menschen wurden in die Gemeinde aufgenommen, die dazu eigentlich kein Recht haben. In manchen Fällen ist das der Fehler der Gemeindeleitung und ist einem ungesunden Streben nach Gemeindewachstum um jeden Preis geschuldet. In anderen Fällen, wo man sich ernsthaft bemüht hat, keine falschen Bekenner aufzunehmen, wurden Fehler gemacht, weil die Verantwortlichen der Gemeinde nicht in die Herzen der Leute schauen können. Daran kann man nichts ändern. Jesus selber sagt, dass das »Unkraut« zusammen mit dem Weizen wachsen soll bis zur Ernte.

Ein zweiter Grund dafür, dass man Gottes Wort nicht gehorcht, besteht darin, dass der Gläubige eine bestimmte Gewohnheitssünde nicht aufgeben will. Ich habe in diesem Buch bereits einiges dazu gesagt.

Ich möchte mich hier auf einen dritten Grund konzentrieren, warum Gläubige Gottes Wort ignorieren. Viele Christen gehorchen der Stimme Gottes nicht, *weil sie nicht wissen wie* sie es tun sollen.

Bei ihrer Bekehrung erlebten sie eine tiefe Dankbarkeit, die »erste Liebe« (Offb 2,4). Damit einher ging der brennende Wunsch, dem Herrn zu gefallen, was immer er zu tun verlangt. Sie waren eifrig und hochmotiviert. Hörten sie eine Botschaft, die sie drängte, dieses oder jenes zu tun, gingen sie und brannten förmlich darauf, zu gehorchen. Doch weil sie oft nicht wussten, *wie* sie nun loslegen sollten oder *wie* sie den ersten Schritt unternehmen sollten, scheiterten sie! Sie fielen gleich auf die Nase. Später versuchten sie es wieder und versagten erneut. Immer wieder passierte dasselbe: Man sagte ihnen zwar, *was* sie tun sollten, aber niemand gab ihnen Anweisungen, *wie* sie es anfangen sollten. Schließlich gaben sie auf und sagten: »Tja, vielleicht war Paulus dazu fähig, aber ich bin nicht Paulus!« Und dann begannen sie, in der Kirchenbank zu schlafen.

Henry Ward Beecher sprach dieses Problem an, obwohl er die Dynamik dahinter wahrscheinlich nicht verstand:

Es gibt Tausende und Abertausende von Menschen in der Kirche, die die Lehre der Reinheit und die Lehre der Selbsthingabe hören; und während sie dasitzen, stimmen sie diesen Dingen nicht nur zu, sondern sie sagen: »Herr, wirke du das in mir – und wehe mir, wenn ich nicht von dieser Stunde an mein Leben ändere!« Doch kaum haben sie daheim die Haustür hinter sich geschlossen, und es eröffnet sich für sie die Möglichkeit, an ihren Dienern, Kindern, Freunden und Gefährten diese Reinheit und Selbsthingabe zu praktizieren, da ist der Impuls auch schon verschwunden.

[...] Wir fahren auf dem Ohio-River stromabwärts. Wir sind eine illustre Gesellschaft von etwa vierzig Personen. Man weiß, dass ich an Bord bin und sie fragen mich, ob ich am Sonntag eine Ansprache halten könne. Es wird alles arrangiert und ich predige zu ihnen auf meine Art. Als Text wähle ich [Römer 12,10]: »Einer komme dem anderen mit Ehrerbietung zuvor.« Ich zeige ihnen, wie schön es ist, die Geringen und Unterlegenen zu bevorzugen. Ich sage ihnen, wie großartig und edel es sich anfühlt, wenn jemand seinen Diener, den Niedrigsten von ihnen, so zuvorkommend behandelt, dass der Geringe sich als Mensch wertgeschätzt weiß. Ich sehe, wie der eine oder andere eine Träne fließen lässt oder wegwischt; und so mache ich weiter und zeige die Schönheit der Selbstverges-

senheit und dem Widmen des Glücks der anderen. Ich rede
zu ihnen, bis ich merke, dass das Essen bereit ist. Wir singen
ein Lied und ich beende die Versammlung. Dann ertönt der
Gong – und was geschieht? Jeder beeilt sich zur Tür zu kommen und mit Hauen und Stechen den besten Platz zu erwi-
schen, möglichst nah am erlesenen Buffet; und jeder geht und
isst mit aller Macht, und niemand wartet auf den anderen.
Und wenn sie sich vollgefressen haben, wischen sie sich den
Mund und sagen: »Heute Morgen haben wir eine gute Predigt gehört.« Schon bei der ersten Gelegenheit, die sich ihnen
bot, das Gehörte anzuwenden, obsiegte ihre alte Natur, ihr
altes Leben, ihre alten Gewohnheiten.[45]

Bibeltreue Prediger sind gut darin, ihren Zuhörern zu sagen, *was*
sie tun sollen, haben es aber leider versäumt zu sagen, *wie* sie
es tun können. Als Resultat versagen viele immer wieder und
geben schließlich auf. Ist das vielleicht auch dein Problem, lieber Christ? Nun, du solltest nicht aufgeben. Du solltest beharrlich bleiben, bis du entdeckt hast, wie du vorgehen kannst: Frage
andere, sprich mit deinem Prediger, lies Literatur über das ent-
sprechende Thema usw. Galater 6,9 erinnert uns: »Lasst uns aber
im Gutestun nicht müde werden! Denn zur bestimmten Zeit
werden wir ernten, wenn wir nicht ermatten.« Beharrlichkeit ist
schwer genug, selbst wenn man weiß wie wir leben und handeln
sollen. Das macht dieser Vers deutlich. Wir neigen dazu, aufzugeben oder zu ermüden, wenn keine sofortigen Resultate sichtbar
werden. Deshalb ermuntert Paulus die Galater mit diesem Vers.
Kolosser 3,24 ermutigt uns:

Was ihr auch tut, arbeitet von Herzen als dem Herrn und
nicht den Menschen, da ihr wisst, dass ihr vom Herrn als
Vergeltung das Erbe empfangen werdet; ihr dient dem Herrn
Christus.

---

[45] Henry Ward Beecher, *Plymouth Pulpit* (New York: J.B. Ford Co., 1875), Bd.
IV., S. 280-281.

Selbst wenn andere aufgeben, wird dein Herr am Ende sagen: »Gut gemacht, du guter und treuer Knecht.« Wir dienen Christus. Doch wenn sogar diejenigen, die Erfolg haben und Frucht sehen, müde werden können, dann erst recht diejenigen, die noch nie Erfolg hatten. Dieses Defizit, das darauf beruht, dass man nicht weiß, *wie* man konkret und praktisch gehorchen soll, wollen wir hier behandeln.

Die Anwendung verstehen

Versuchen wir also, die Anwendung der Predigt zu verstehen. Erstens erfordert die Anwendung ein sorgfältiges und genaues Verstehen der biblischen Aufforderung. Wenn die Aufforderung missverstanden wird, dann wird alles andere auch falsch sein. Viele versagen bereits an dieser Stelle. Sie geben sich zufrieden, wenn sie eine vage Ahnung von Gottes Willen haben. Entweder hören sie schlecht zu, oder der Prediger kommuniziert nicht gut oder beides. In jedem Fall ist es die Schuld des Zuhörers, wenn er keine Anstrengungen unternimmt, alle Unklarheiten bezüglich der Gebote und Anweisungen des Herrn zu beseitigen. Wenn Sie nicht verstehen, was Gott von Ihnen will, dann fragen Sie, studieren Sie und arbeiten Sie daran, den Willen Gottes wirklich zu kennen. Alles andere ist zu wenig. Das ist wieder der Kern der lobenswerten Geisteshaltung der Beröer.

Zweitens müssen Sie nachschauen, ob das Gebot oder die Aufforderung selbst konkret sagt, *wie* Sie etwas tun sollen. Wenn das der Fall ist, dann sollte es nicht schwer sein, das Gebot anzuwenden. In der ganzen Bergpredigt zum Beispiel wird uns nicht nur gesagt, was wir tun sollten, sondern auch wie wir es tun sollten und wie wir es nicht tun sollten. Das gilt z. B. für die Gebote und Anweisungen über das Beten, das Almosengeben, das Fastens usw.

Doch häufiger kommt es in der Bibel vor, dass Gott uns etwas befiehlt, ohne uns genau zu sagen, wie wir diese Aufforderung umsetzen sollen. Das bedeutet, dass Gott von uns erwartet, dass wir unseren gottgegebenen Verstand benutzen, um herauszufinden, wie wir sein Gebot am besten anwenden können. Sie sind in solchen Fällen frei, verschiedenen Vorschlägen zu folgen oder Ihre eigenen Ideen auszuführen, solange das in Einklang mit den allgemeinen biblischen Prinzipien steht. Wenn Sie nicht sicher sind, ob eine Vorgehensweise richtig ist, fragen Sie einen oder zwei Älteste Ihrer Gemeinde. Das ist einer der Gründe, warum Gott seiner Gemeinde solche Ämter gab. Ein Teil unseres geistlichen Wachstums besteht darin, allgemeine biblische Prinzipien so anzuwenden, dass wir Wege und Mittel finden, um Gott zu gehorchen. Wer das lernt, wird geistlich wachsen. Suchen Sie Hilfe, wenn Sie sie brauchen, aber arbeiten Sie auch selber daran (siehe dazu Philipper 2,12-13).

Drittens gehört zur Anwendung meistens eine gewisse Planung. Planen Sie, was, wo und wann etwas zu tun ist, d. h. legen Sie es konkret zeitlich fest (z. B. im Terminkalender). Dabei ist es gut, Ihr Vorgehen in einzelne Schritte aufzuteilen: »Erstens, ich muss Johanna anrufen und einen Termin vereinbaren. Dann muss ich mit ihr über das Problem zwischen uns reden. Wenn unsere Beziehung wieder in Ordnung ist, müssen wir diese Beziehung pflegen (was wiederum Planung erfordert).«

Im Verlauf werden weitere Fragen auftauchen: »Wann ist der beste Zeitpunkt, um mit Johanna zu reden? Vermutlich über Mittag. Ich werde sie zum Mittagessen einladen. Welches Restaurant eignet sich dazu am besten? Wie soll ich das Gespräch beginnen?« Das ist alles wichtig. Paulus schrieb: »Plant im Voraus, was ehrbar ist vor allen Menschen« (Römer 12,17, nach der engl. NASV) Das Wort *ehrbar* kann auch mit *vortrefflich, ausgezeichnet* übersetzt werden und beinhaltet, dass wir uns darum bemühen sollten, Gutes zu tun – nicht oberflächlich, sondern mit echtem Interesse. Ein vortreffliches, ausgezeichnetes Essen benötigt viel Vorausplanung. Jeder kann eine Dose Ravioli öffnen und auf den Tisch stellen! Gott möchte aber, dass wir *mit Bedacht* (wie andere Übersetzungen Römer 12,17 wiedergeben) planen und gehorchen. Er erwartet, dass wir es auf die bestmögliche Weise tun: Anwendung von der feinsten Art!

Nochmals: Wenn Sie Hilfe brauchen, holen Sie sich welche. Lassen Sie mich noch etwas betonen: Die besten Pläne werden im Sande verlaufen oder niemals ausgeführt werden, wenn man keine Termine dafür ansetzt. Legen Sie für jeden Schritt ein Datum fest und dann halten Sie sich daran. Wenn Sie nicht wirklich beginnen, den Plan auszuführen, indem Sie sich daran halten, sind Ihre besten Absichten wertlos.

Wie Sie sehen können, kann die Anwendung an verschiedenen Stellen scheitern. Gehen Sie am besten noch einmal die einzelnen Schritte der Anwendung durch und achten Sie darauf, mit welchem Punkt Sie normalerweise die größten Schwierigkeiten haben. Anschließend geben Sie sich besonders Mühe, um genau diese Schwierigkeiten zu überwinden, und bitten Sie Gott (und vielleicht einen gläubigen Freund) um Hilfe.

Notizen machen

Ein hilfreiches Mittel, um verstandene Wahrheiten anzuwenden, ist das richtige Notizenmachen. Wenn Sie Notizen anfertigen und mit nach Hause nehmen, vergessen Sie nicht so leicht, dass Sie eine Botschaft von Gott empfangen haben, die in der kommenden Woche einen Unterschied in Ihrer Lebensweise machen sollte.

Manche Notizen sollten Sie an den Rand Ihrer Bibel schreiben. Diese Notizen sollten hauptsächlich Erläuterungen zum Bibeltext, wichtige Parallelstellen und Querverweise und sonstigen Hilfen zum *Textverständnis* umfassen. Notizen, die Sie auf das dafür vorgesehene Mitteilungsblatt der Gemeinde[46] oder in Ihr Notizbuch schreiben, sollten *mit Ihnen* zu tun haben. Ihre No-

---

[46] Anmerkung des dt. Herausgebers: Solche »church bulletins« gibt es vor allem in US-Gemeinden und sind eine praktische Kombination: ein Faltblatt mit Bekanntmachungen der Gemeinde sowie Platz für Predigtnotizen, manchmal vorstrukturiert z. B. mit der abschließenden Frage: »Wie wende ich die Predigt auf mein Leben an?« Vgl. dazu und zu den folgenden Vorschlägen auch unser vorstrukturiertes Predigt-Notizbuch *Bibelnotizen mit System*, ISBN 978-3-945716-13-7.

tizen am Rand der Bibel könnte man *Auslegungsnotizen* nennen, die im Notizbuch *Anwendungsnotizen*.

Zu viele Christen machen lediglich Auslegungsnotizen. Das ist ein Grund, warum sie versäumen, die biblischen Gebote anzuwenden. Sie machen sehr viele Notizen (zu viele) dazu, was der Abschnitt sagt und bedeutet, und dann meinen sie, sie hätten gute Arbeit geleistet. Es gibt Christen, die ihre Notizbücher mitbringen und alles aufschreiben, was der Prediger sagt. Wenn sie dann zu Hause sind, legen sie ihr Heft weg. Das Problem dabei ist: Wenn sie das Heft verstauen, verstauen sie auch die Predigt – samt allen Geboten, Aufforderungen und Konsequenzen.

Sie sollten lieber nur wenige Auslegungsnotizen machen. Deshalb können Sie diese auch gut direkt in Ihre Bibel schreiben. Ein weiterer Grund dafür ist natürlich, dass beim künftigen Lesen der Bibeltext durch die Notizen erläutert wird.

Eine weitere schlechte Angewohnheit ist es, die Gliederung der Predigt aufzuschreiben. Warum sollte man? Was ist der Zweck? Wenn Sie diese Angewohnheit lang genug praktizieren, werden Sie ein Experte für Gliederungen sein. Doch Gott möchte, dass sie ein Experte darin sind, die Wahrheit seines Wortes auszuleben.

Deshalb fokussieren Sie Ihre Notizen darauf, was Gott Ihnen verdeutlicht, was Sie glauben oder nicht glauben sollen, was Sie tun oder nicht tun sollen. Achten Sie auf Befehle, Aufforderungen, Gebote – und schreiben Sie diese auf, wie ich es Ihnen oben gezeigt habe. Vielleicht sollten Sie sogar darüber nachdenken, einen Zettel mit den folgenden Anwendungsfragen bei sich zu haben, damit Ihre Gedanken auf der richtigen Spur bleiben. Füllen Sie die Antworten aus und hängen Sie den Zettel an Ihren Kühlschrank:

1. Wie möchte Gott mich verändern (in meinem Glauben, in meinem Verhalten und Tun)?
2. Wie kann ich die Veränderung zustande bringen?
3. Was ist der erste Schritt?
4. Wo und wann sollte ich damit beginnen?

Ich könnte eine ganze Menge mehr über Anwendung sagen, aber ich möchte, dass Sie mit der Aufgabe beginnen und nicht von der Menge, die Sie tun könnten, überwältigt werden. Wenn Sie die einfachen, grundlegenden und wichtigen Ratschläge aus diesem Kapitel befolgen, werden Sie lernen, in Zukunft viele andere wohlüberlegte Dinge zu tun. Sie müssen irgendwo beginnen – darum geht es bei der Anwendung. Und in diesem Kapitel haben Sie viel gesehen, womit Sie beginnen können. Werden Sie es tun?

13

Gott, Ihr Nächster und Sie

Ich habe großen Nachdruck darauf gelegt, wie man das Beste aus einer Predigt herausholt. Das ist ein legitimes Anliegen. Doch Sie könnten auf den Gedanken kommen, dass dieses Buch ein Aufruf zur Ich-Zentriertheit sei. In meinem Buch über christliche Pädagogik (»Back to the Blackboard«) erkläre ich, dass jede biblische Wahrheit für das Leben und den Dienst gelernt werden muss. Das bedeutet, dass es falsch und sogar götzendienerisch ist, Wahrheit einfach »um der Wahrheit Willen« zu lernen. Für den Christen existiert nichts zum Selbstzwecke, sondern alles existiert zur Ehre Gottes. Darum sind aufbewahrte Notizbücher oder Köpfe voller ungenutzter Information sündig. Aus diesem Grund möchte ich an dieser strategischen Stelle – kurz vor dem Resümee – die Zeit dazu verwenden, um über das Zuhören für das Leben und den Dienst nachzudenken.

Die zwei Gebote

Als Jesus die Lehren der Bibel zusammenfasste, drückte er sich klipp und klar aus (Mt 22,37-40). Er sagte, dass die ganze Bibel an zwei Geboten »hängt« (V. 40). Diese beiden großen Aufhänger sind:

1. Liebe Gott von ganzem Herzen.
2. Liebe deinen Nächsten wie dich selbst.

Es sollte eigentlich überflüssig sein zu erwähnen, dass diese beiden Gebote von sich selbst weg und auf Gott und andere hin ausgerichtet sind. Aber heute hat das humanistische Denken die Gesellschaft so unterwandert und die Gemeinde in Form der Selbstwertlehre infiltriert, dass ich das völlig Offensichtliche neu herausstellen muss.

Um eine nicht vorhandene biblische Begründung für ihre Sichtweise zu beschaffen, haben die christlichen Selbstwert-Verfechter sich am zweiten Gebot zu schaffen gemacht: »Liebe deinen Nächsten wie dich selbst.« »Siehst du«, sagen sie, »du musst dich selber auch lieben. Das ist ein Gebot, das noch grundlegender als die beiden anderen ist. Um Gott und andere zu lieben, musst du zuerst lernen, dich selber zu lieben.«[47]

Aber dieser Deutungsversuch der Worte Jesu zeigt nur, wie verzweifelt man nach biblischen Belegen für diese unbiblische Lehre sucht. Beachten wir erstens, dass Jesus nichts von einem dritten Gebot sagt. Er redet nur von zwei Geboten. Er spricht über das »erste« (V. 38) und das »zweite« Gebot (V. 39). Zudem lautet seine zusammenfassende Aussage: »An diesen *beiden* Geboten hängt das Gesetz und die Propheten.« Wo ist das dritte, angeblich grundlegendere Gebot? Es ist schlicht nicht da.

Beachten wir zweitens, dass es nicht nur kein drittes Gebot gibt, das grundlegender als die anderen beiden ist, sondern dass Jesus *voraussetzt*, dass wir uns schon viel zu sehr selbst lieben (wie auch Paulus in Römer 12,3 schreibt: »nicht höher von sich denken als sich gebührt«). Er gebietet uns, andere »wie« (wörtlich »entsprechend«) uns selbst zu lieben. Was meint er damit, wenn er sagt, dass wir andere mit der gleichen Liebe lieben sollen, mit der wir uns *bereits selber* lieben? Die Worte »wie dich selbst« bedeuten nicht, dass wir anderen das Gleiche tun sollen, was wir für uns tun. Unsere Selbstbezogenheit kann nie der Maßstab dafür sein, wie wir mit anderen umgehen sollen. Wir tun uns selbst jede Menge sündige und schädliche Dinge an, und Jesus will sicherlich nicht, dass wir das anderen antun sollen. Das meint Jesus

---

[47] Siehe mein Buch *Ich liebe mich: Selbstverwirklichung aus biblischer Sicht* (Asslar: Schulte & Gerth, 1987). Originaltitel *Self-Esteem, Self-Image, Self-Love in the Bible.*

nicht mit diesen Worten. Der Maßstab für unser Verhalten anderen gegenüber ist die Schrift.

Jesus vergleicht das zweite Liebesgebot mit dem ersten und sagt: »Das zweite ist ihm gleich« (V. 39). Inwiefern ist es ihm gleich? Nun, sicher nicht nur darin, dass es bei beiden Geboten um Liebe geht. Das wäre zu offensichtlich, als es zu erwähnen. Die Entsprechung besteht in der Art und Weise, *wie* diese Liebe gezeigt werden soll. Die Liebe zu Gott soll von ganzem Herzen kommen: »… mit deinem ganzen Herzen und mit deiner ganzen Seele und mit deinem ganzen Verstand« (V. 37). Und entsprechend soll die Liebe zu unserem Nächsten genau so intensiv, tief und weitreichend sein wie die Liebe zu uns selbst. Jesus nötigt uns nicht, anderen dieselben Taten unserer Selbstliebe entgegenzubringen, sondern die Inbrunst dieser Selbstliebe.

Daher wird klar, dass wir nicht deshalb bestmöglich von einer Predigt profitieren sollen, um egoistisch selbstzentriert für uns selbst etwas zu lernen, sondern wir sollen lernen, wie wir Gott ehren und gefallen und unseren Nächsten zum Segen sein können.

Ein Lieben und Lernen, das auf andere ausgerichtet ist

Leider fördern unsere christlichen Schulen oft ein selbstzentriertes Lernen. Sie sind oft einfach nur Kopien der heidnischen Schulen nebenan. Das liegt daran, dass sich die Initiatoren der christlichen Schulbewegung von vornherein nicht die Zeit genommen haben, um die Sache richtig zu durchdenken. Sie stürmten unter falschen Annahmen drauflos und übernahmen falsche Voraussetzungen, die nicht auf gesunder Bibelauslegung beruhen. Die vielleicht eklatanteste falsche Voraussetzung ist die Übernahme des humanistischen Prinzips, dass das Kind *zu seinem eigenen Wohl* erzogen und gebildet werden muss. Eine solche Pädagogik ist im Kern egoistisch. Sie blickt nicht über das Individuum hinaus auf Gott und den Nächsten. Sie macht auf eine götzendienerische Weise das Kind zum Endziel der Bildung. Es wird zwar theoretisch davon geredet, zur Ehre Gottes Mathematik zu lernen, aber praktisch wird das wenig bis gar nicht ausgeübt.

Bei allem, was wir tun und was wir sind, soll Gott an erster und der Nächste an zweiter Stelle stehen. Daran lässt Christus in seiner Zusammenfassung der biblischen Gebote keinen Zweifel. Nicht ich selbst, sondern Gott und der Nächste sollten die Gegenstände meiner Liebe sein. Wenn wir also einer Predigt zuhören, dann sollte das, was wir aus der Predigt lernen und mitnehmen, darauf ausgerichtet sein, wie wir Gott besser lieben und dem Nächsten besser dienen können.

Und wann kommen wir selbst ins Spiel? Wir selbst profitieren auch von der Predigt, aber nur als Nebeneffekt. Jesus sagte das, als er uns aufforderte, zuerst nach dem Reich Gottes und seiner Gerechtigkeit zu trachten. Und dann – als Nebeneffekt – würden uns alle anderen Dinge »hinzugefügt« werden (Mt 6,33).

Biblische Liebe ist nicht selbstbezogen, sondern auf den Nächsten ausgerichtet. Selbstliebe wird verurteilt. In 2. Timotheus 3,2 finden wir eine Liste von typischen Endzeit-Sünden, dabei steht »Selbstliebe« an erster Stelle. Manche Ausleger meinen, dass alle anderen Sünden auf Selbstliebe beruhen. Selbstliebe ist in Wirklichkeit Lust, die etwas *bekommen* will. Gottes Liebe hingegen – das Vorbild für biblische Liebe – will etwas *geben*. Gott liebte die Welt so sehr, dass er seinen Sohn *gab* (Joh 3,16). Jesus liebte mich und *gab* sich selbst (Gal 2,20). Männer sollen ihre Frauen lieben wie Christus, der die Gemeinde liebte und sich für sie *gab* (Eph 5,25). Wenn dein Feind hungert oder dürstet, dann *gib* ihm (Röm 12,20) und so weiter.

Ich möchte einfach, dass Sie verstehen: Alle hilfreichen Ratschläge und Anleitungen in diesem Buch sollen letztendlich nicht Ihrem eigenen Wohl dienen (das ist ein Nebeneffekt), sondern sollen Sie befähigen, so von Predigten zu profitieren, dass Sie Gott und Ihren Nächsten so lieben, wie es uns geboten ist. Sie werden sehr davon profitieren, wenn Sie bei Predigten gut und richtig zuhören. Aber das ist zweitrangig. Lernen Sie, so viel wie möglich aus einer Predigt herauszuholen, damit Sie so viel wie möglich Gott und dem Nächsten geben können. Das ist der biblische Weg.

Wenn Sie sich hauptsächlich darum bemühen, nur selber von der Predigt zu profitieren, ist es ziemlich egal, ob Sie möglichst viel aus der Predigt herausholen oder nicht. Aber wenn es Ihnen um die Ehre Gottes und das Wohl des Nächsten geht, muss der Antrieb stärker sein. Wer nur in die Gemeinde geht, um für sich selbst etwas zu bekommen, wird immer wieder enttäuscht werden. Selbstbezogenheit führt immer in den Abwärtsstrudel. Gott schuf uns Menschen so, dass eine bleibende Zufriedenheit sich nur dann einstellt, wenn wir von uns wegschauen und andere an erste Stelle setzen. Auch bei Jesus, dem wahrsten und vollkommensten Menschen, ist das so. In Jesaja 53 heißt es über ihn, dass er sich über die Frucht seines Erlösungswerkes, d.h. über die Erlösten, freut und sich daran »sättigt« (Jes 53,10-11). Es ist seine »Speise«, den Willen Gottes zum Wohle anderer zu tun (Joh 4,32).

Die einzig richtige und befriedigende Weise, wie man Predigten hört, besteht darin, sie aus Liebe zu hören – mit der Motivation, so viel wie möglich darüber zu erfahren, wie man Gott gefallen und anderen dienen kann. Liebe macht das Zuhören zu einem wertvollen und freudigen Ereignis. Wenn von der Kanzel aus ein Pfeil in Ihre Richtung geschossen wird, dürfen Sie sich nicht ducken, damit der Christ hinter Ihnen getroffen wird. Sie müssen die ganze Kraft des Geschosses spüren, um so verändert zu werden, dass es Gott gefällt und dem Nächsten dient. Zugunsten des Nächsten zuzuhören, darf nicht so verstanden werden: »Gut gemacht, Prediger, den anderen haben Sie es heute Morgen aber so richtig gegeben!«

Wer von der Art von Liebe, die Jesus meinte, motiviert ist, wird aufmerksam, erwartungsvoll und mit Hingabe zuhören. Er wird der Wahrheit und ihrer praktischen Anwendung im Alltag mit aller Kraft nachgehen! Er wird nicht zaudern, sondern die Praxistipps aus diesem Buch begeistert anpacken. Er wird ein »edler Beröer« werden. Kurz, die Liebe zu Gott und dem Nächsten ist der einzig richtige Weg, bestmöglich von einer Predigt zu profitieren. Wenn nicht diese Liebe Ihre Motivation ist, versuchen Sie es erst gar nicht, irgendeinen Vorschlag aus diesem Buch zu praktizieren. Diese Vorschläge sind nämlich zu anstrengend und zu anspruchsvoll, um sie aus einer anderen Motivation zu befolgen. Doch die Liebe wird Sie zu noch größeren Mühen antreiben.

Hören, um Gott zu gefallen

Das größte Gebot ist, Gott zu lieben, und deshalb sollen wir zuallererst Predigten aus Liebe zu Gott hören. Wenn wir ihm gefallen und ihn ehren wollen, dann wollen wir so viel wie möglich von ihm hören, um ihn besser kennenzulernen (ihn besser anbeten und ehren zu können) und seinen Willen besser kennenzulernen (um ihm besser dienen zu können).

Wenn Sie am Gottesdienst teilnehmen, weil Sie Gottes Wort hören wollen, sollte die Predigt das Ereignis der Woche sein! In dem Maß, wie die Bibel treu gepredigt wird, wird Gott zu Ihnen reden. Natürlich lernen Sie Gottes Willen auch kennen, wenn Sie selber die Bibel lesen. Aber Ihre Bibellektüre ersetzt »die Torheit der Predigt« nicht, durch die der Heilige Geist zu wirken beschlossen hat. Bedenken Sie, dass der Prediger womöglich eine biblische Erkenntnis weitergibt und Anwendungen dieser Erkenntnis erklärt, an die Sie selber nie gedacht hätten. Sie werden auch von der Herausforderung und Direktheit des Wortes Gottes profitieren, von der Sie getroffen werden, wenn ein Botschafter Gottes mit Autorität die Bibel in rechter Weise auslegt. Der Predigtdienst kann durch viele weitere gute Dienste (Bibelstunden, Hauskreise, Seminare) ergänzt werden, darf aber niemals dadurch ersetzt werden.

Wenn Sie zur Gemeinde gehen, dann ist es Christus, den Sie durch seinen Boten reden hören. Ich habe es schon einmal gesagt, aber ich möchte es nochmals betonen: Wenn Sie ihn lieben, wollen sie ihn hören. Und wenn Sie ihn hören, wollen Sie sein Wort beachten und ihm gehorchen. Jemandem zuzuhören, den man liebt, sollte nicht lästig, sondern sehr erfreulich sein. Sicher, möglicherweise wird die Stimme Christi nur durch eine stammelnde Rede übermittelt oder nur unvollständig oder verzerrt dargeboten. Aber wenn Sie ihn lieben und wissen wollen, was er zu sagen hat, werden Sie alle Mühe auf sich nehmen, um ihn zu hören – auch unter unvollkommenen Umständen.

Hören, um anderen zu dienen

Gott zu dienen bedeutet auch, anderen zu dienen. Gott sagt uns, dass wir die Interessen und Bedürfnisse anderer über unsere eigenen stellen sollen – ganz im Gegensatz zur Selbstwertlehre (Phil 2,3-4).

Beim Predigthören soll es Ihnen nicht in erster Linie darum gehen, selber zu profizieren, sondern Sie müssen sich als ein Glied von vielen am Leib Christi sehen, und die anderen brauchen Sie. Sie haben ihnen gegenüber eine Verpflichtung. Sie sind nicht allein in der Gemeinde.

In Galater 6,1-5 wird uns zum Beispiel gesagt, denen wieder aufzuhelfen, die in Sünde gefallen sind und nicht aus eigener Kraft wieder herauskommen. Paulus sagt, dass wir das in einem Geist der Sanftmut und Demut tun und uns davor hüten sollen, nicht selbst in Sünde zu fallen. Wir sind dazu verpflichtet, die Lasten des anderen zu tragen und somit das Gesetz Christi zu erfüllen (das darin besteht, andere zu lieben, Gal 5,14). Aber jemanden so wiederherzustellen, wie Christus es gebietet, benötigt ein gutes Urteilsvermögen. Wir müssen die Last eines anderen nur so lange tragen, bis er wieder fähig ist, seine eigene Last (Aufgabe, Verantwortung) selbst zu tragen (V. 5). Sonst werden wie ihm nicht dabei helfen, seine eigene Verantwortung in der Gemeinde wieder wahrzunehmen.

Alle solche Aktivitäten erfordern eine beträchtliche Erkenntnis und Weisheit, was der durchschnittliche Christ, der auf eigene Faust die Bibel liest, sich nicht schnell aneignen wird. Müssen andere warten, bis wir unsere Verpflichtungen wahrnehmen können? Nein. Die Predigt des Wortes liefert uns die Erkenntnis und Wegweisung, die wir brauchen, schon lange bevor wir sie einsetzen müssen. Die Predigt beschleunigt Wachstum, fördert Weisheit und ermutigt zum Dienst.

Die Predigt fordert uns zu einem Studium heraus, wie es das persönliche Bibellesen nicht tun würde, und es führt uns in Gebiete, die wir von selbst nie entdeckt hätten. In Hebräer 10,24-25 werden wir ermahnt, das Zusammenkommen zur Wortverkündigung nicht zu versäumen. Denn dieses Zusammenkommen gibt uns die Gelegenheit, »einander zur Liebe und zu guten Werken anzureizen«, wie es von der Kanzel gelehrt wird.

Alles in allem werden Sie »wachsen durch die Gnade und Erkenntnis unseres Herrn und Retters, Jesus Christus« (2Petr 3,18), wenn Sie aus Liebe zu Gott und zum Nächsten zuhören. Diese Gnade wird zu einem erheblichen Teil durch die Predigt des Wortes Gottes verliehen.

14

Predigtanalyse

Wenn wir einer Predigt zuhören, ist es hilfreich, etwas davon zu verstehen, aus welchen Elementen das Ganze besteht. In diesem Kapitel möchte ich diese Elemente vorstellen.

Stellen Sie sich vor, Sie bringen Ihr Auto in die Werkstatt. Nehmen wir an, ein erstklassiger Mechaniker arbeitet dort. Sie erklären ihm einige seltsame Fahrgeräusche Ihres Fahrzeugs. Er klappt die Motorhaube hoch, greift scheinbar willkürlich zu einem Bauteil, fingert einen Moment daran herum und sagt: »Na also, hier haben wir Ihr Problem!«

Wie hat er das geschafft? Sie verstehen nur wenig von Autos und was Sie unter der Motorhaube sehen, kommt Ihnen wie das reinste Chaos vor! Kein Wunder, dass seine Kompetenz Sie beeindruckt. Sie sehen nur ein einziges Wirrwarr; er hingegen sieht Teile von verschiedenen Systemen und weiß, welches Bauteils jeweils wofür zuständig ist.

Der Christ auf der Kirchenbank hört eine Predigt als Ganzes; aber Homiletiker (also Predigt-Mechaniker, sozusagen) wissen, dass eine Predigt aus verschiedenen Elementen verschiedener Systeme besteht. Wenn sie bestimmte »Teilsysteme« näher untersuchen, können auch sie den Finger auf eine bestimmte Stelle (oder mehrere) legen und zeigen, wo das Problem und die Ursache für die Wirkungslosigkeit der Predigt liegen.

Sie müssen aber nicht unbedingt ein Experte in Predigtanalyse werden. Doch ist es hilfreich, wenn Sie die Teilsysteme und deren Bestandteile kennen, damit Sie beim Zuhören erkennen können, was falschgelaufen ist und das Nützliche vom Unnützen unterscheiden können.

Die Teilsysteme einer Predigt

Ich gebe Ihnen eine Gedächtnisstütze, die Ihnen hilft, alle wichtigen Elemente eine Predigt zu berücksichtigen: GAST und RAPS. Das Akronym GAST steht für die vier Systeme, die zu einer Predigt gehören: *Gehalt, Anordnung, Sprache* und *Temperament* (Einsatz von Stimme und Gestik). RAPS erinnert uns an Elemente in der Predigt, die mit diesen vier Systemen interagieren: *Redner, Anlass, Publikum* und *Sinn/Zweck* (bzw. Absicht). Die Wechselbeziehungen zwischen diesen Elementen lassen sich durch ein Raster darstellen:

	G	A	S	T
R				
A				
P				
S				

Wenn jedes Element in der richtigen Beziehung zu den anderen steht, ist eine Predigt gewöhnlich hilfreich. Zum Beispiel ist der richtige *Zweck* (*Sinn*) für einen bestimmten *Anlass* wichtig. Wenn San Francisco von einem Erdbeben verwüstet wurde und die Medien seit drei Tagen nichts anderes berichten, möchten Sie in der Gemeinde vom Prediger etwas über Gottes Perspektive zu dieser Katastrophe hören. Wenn er den Vorfall jedoch komplett ignoriert und stattdessen nur über die Amalekiter spricht, werden Sie wahrscheinlich wenig von seiner Botschaft aufnehmen, da Ihre Gedanken ganz mit dem Erdbeben beschäftigt sind. Ihre Erwartung und seine Absicht mit der Predigt passen nicht zueinander.

Nehmen wir ein anderes Kombinationsbeispiel aus dem Raster: *Redner* und *Gehalt*. Erinnern wir uns an das Problem von C.S. Lewis, der sich wegen des Familienlebens des Predigers angewidert von seiner Botschaft abwandte. Hier kollidierten also *Gehalt* (der an sich gut war) und das Leben des *Redners* (den Lewis und die anderen Zuhörer als Bestandteil der Predigt ansahen).

Noch eine Kombination: *Sprache* und *Publikum*. Eine gehobene Sprache passt vielleicht in einen Sonntagsmorgens-Gottesdienst, aber nicht auf die Grillfeier einer Mittelstufenklasse. Und andererseits wird die lockere Ausdrucksweise einer Ansprache für Jugendliche nicht für eine Beerdigung geeignet sein.

Außerdem können GAST und RAPS beide jeweils eigene Raster von Wechselbeziehungen bilden:

	G	A	S	T
G				
A				
S				
T				

	R	A	P	S
R				
A				
P				
S				

Auch hier sehen Sie, wie diese Raster helfen, verschiedene Aspekte einer Predigt zu analysieren. Ein bestimmter *Gehalt* kann eine passende *Sprache* erfordern. Im anderen Raster kann ein bestimmter *Redner* die richtige Wahl für einen bestimmten *Anlass* sein – oder auch nicht (z.B. ein Redner auf einem Missionstreffen, der von Mission keine Ahnung hat). Als Übung, um sich diese Methode der Predigtanalyse anzueignen, füllen Sie selbst die restlichen Kästchen aus. Versuchen Sie je ein Beispiel zu nennen (aus Ihrer tatsächlichen Erfahrung oder aus Ihrer Phantasie), wo die Wechselbeziehung problematisch war und wo sie gut passte.

Der Nutzen der Predigtanalyse

»Das ist interessant«, sagen Sie vielleicht, »aber welchen Wert hat es für mein Predigthören?«

Dieses System zu kennen und zu gebrauchen, ist auf mindestens zweierleise Weise hilfreich. Erstens macht es Sie viel bewusster für alles, was beim Predigen vor sich geht und damit zu tun hat, und so können Sie die vielen Bereiche wertschätzen, wo etwas schiefgehen kann. Das an sich ist schon eine wertvolle Lektion für jeden Hörer. Predigen ist nicht so einfach, wie viele scharfe Kritiker meinen. Sogar das Analysieren einer Predigt kann sehr komplex sein.

Doch wenn Sie zweitens imstande sind, die Ursache eines Problems zu identifizieren, wird es Ihnen nicht nur oft leichter fallen, darüber hinwegzusehen und sich auf die wichtigeren Dinge zu konzentrieren, sondern Sie werden das Problem auch in Ihrem eigenen ergänzendem Studium nötigenfalls lösen können.

Wir wollen diese beiden Nutzen der Predigtanalyse näher in Augenschein nehmen. Wenn zum Beispiel die *Sprache* des Predigers zu wünschen übrig lässt, können Sie lernen, das zu ignorieren und sich auf den Inhalt zu konzentrieren. Sie brauchen dieses Problem nicht einmal in eigenem anschließenden Studium lösen (außer dass Sie den Prediger womöglich ermutigen, daran zu arbeiten). Doch wenn die Auslegung einer Bibelstelle (der biblische *Gehalt*) richtig erscheint, aber die Illustrationen, die die Anwendung eines biblischen Gebots verdeutlichen sollen (ebenfalls biblischer *Gehalt*), unpassend erscheinen, dann möchten Sie vielleicht zu Hause weiter an der Anwendung arbeiten. Wenn der Gehalt einer Botschaft schlecht organisiert erscheint, sodass die Predigt mehr als nur einen *Sinn und Zweck* hat, dann können Sie die einzelnen Bestandteile neu anordnen, sodass sie besser ein logisches Ganzes ergeben, das Sie in Ihrem Leben gut verwenden können. Dieses Schema lässt sich beliebig weiterführen.

Ein Verständnis der verschiedenen Teile einer Predigt hilft Ihnen, das Wünschenswerte vom Notwendigen zu unterscheiden. Nehmen wir z.B. *Temperament*. Der Prediger steht stocksteif hinter der Kanzel und gebraucht keinerlei Gestik. Außerdem spricht er so sanft, dass er hinter der zehnten Stuhlreihe kaum noch zu verstehen ist. Es ist zwar sehr wünschenswert, dass ein Prediger beim Reden dynamisch und lebhaft ist, aber Gestik ist nicht unbedingt notwendig. Schließlich hören wir auch im Radio oder als Aufnahmen sehr klar verständliche Predigten, obwohl wir den Redner nicht sehen können. Aber wenn der Prediger akustisch nicht verstanden werden kann, ist das etwas anderes. Dieses Problem *muss* gelöst werden. Eine Möglichkeit wäre, sich an der Finanzierung einer besseren (oder überhaupt einer) Lautsprecheranlage zu beteiligen. Das sollte aber auf ordentliche Weise mit den Ältesten abgeklärt werden. Man sollte ihnen erklären, dass man nicht kritisieren, sondern konstruktiv an der Lösung des Akustikproblems mitwirken möchte.

Manche Dinge sind Grenzfälle. Beispielsweise sind Sie vielleicht persönlich imstande, abstrakte Lehren auf konkrete Lebenssituationen anzuwenden. Wenn Sie das können, sind Sie wahrscheinlich bereits ein guter Zuhörer. Aber Sie wissen, die Jugendlichen in Ihrer Gemeinde können mit abstrakten Aussagen wenig anfangen und haben ein Problem mit Predigten, die keinerlei Anwendungen, Illustrationen oder praktische Beispiele enthalten. Was sollten Sie tun?

Nun, eine Möglichkeit wäre, den Prediger (womöglich mehr als nur einmal) zu fragen: »Kannst du mir ein oder zwei Beispiele nennen, wie man das Prinzip, dass du letzten Sonntag gelehrt hast, im Leben anwenden kann?« Wenn er mit einer guten Antwort reagiert, danken Sie und sagen Sie ihm, wie hilfreich diese Anwendung ist. Schlagen Sie ihm vor, dass auch andere davon profitieren würden, wenn er mehr solcher Beispiele regelmäßig in seinen Predigten bringt.

Wenn er auf Ihre Bitte nicht oder nur unbefriedigend eingeht, dann erklären Sie ihm: Wenn es ihm schon schwerfällt, spontan eine Anwendung für die Lehre zu nennen, obwohl er sich ja gründlich mit dem Thema beschäftigt hat, muss es für Jugendliche und ihre Eltern ja noch viel schwieriger sein, wenn sie die Lehre zum ersten Mal hören. Dann können Sie ihm nahelegen, dass es sehr hilfreich sein könnte, sich von jetzt an die Zeit zu nehmen und solche Anwendungen und Beispiele in die Predigt einzubauen. Seien Sie freundlich, aber verdeutlichen Sie auch klar: Wenn er für die Lehre spontan keine Anwendung aufs Leben kennt, dann sollte er das auch nicht von der Versammlung erwarten. Jeder anständige Prediger wird eine solche Erklärung beherzigen.

Wenn die *Anordnung* oder Struktur gut aufgebaut ist, wird sie Ihnen helfen, den *Gehalt* systematisch zu durchdenken, sodass Sie bestimmte Schlussfolgerungen ziehen können. Manche Prediger ordnen ihren Stoff schlecht. Inhalte, die erst später genannt werden sollten, werden zu früh erwähnt und andere Punkte werden nicht rechtzeitig angesprochen. Schreiben Sie es in der Reihenfolge auf, wie der Prediger spricht. Zu Hause können Sie den *Gehalt* in eine logischere *Anordnung* bringen. Das ist eine großartige Weise, sich an die Botschaft nicht nur nochmals zu erinnern, sondern sie auch systematisch zu durchdenken. Wenn Sie sich die Mühe machen, die Predigt nachträglich für sich selbst zu studieren, verstärken Sie den Effekt der Botschaft und verinnerlichen sie umso besser. Wenn Sie die Botschaft selber durchgearbeitet haben, wird sie Teil Ihrer eigenen Überzeugungen.

Auslegungsfragen bedürfen womöglich einer weiteren Diskussion oder der Suche nach Antworten in Kommentaren. Bedenken Sie, dass auch nicht alle Kommentatoren übereinstimmen und dass Sie nicht immer mit Ihrem Prediger übereinstimmen werden. Wenn es gelegentlich unterschiedliche Ansichten über die Bedeutung einer Bibelstelle gibt, sollte das nicht übermäßig aufgebauscht werden. Aber wenn solche Meinungsunterschiede regelmäßig immer wieder auftreten, sollten Sie etwas tun. Wenn gute Bibelkommentare stets Ihrem Prediger Recht geben, überdenken Sie besser Ihre eigenen Prinzipien und Methoden der Schriftauslegung. Vielleicht sollten Sie den Prediger oder Pastor um Hilfe bitten. Im umgekehrten Fall jedoch sollten Sie dem Prediger nahelegen, sich diese guten Kommentare zuzulegen (oder sie ihm schenken). Ein freundliches Gespräch über das Problem ist auch immer ein guter Rat.

Sinn und Zweck bzw. Absicht der Predigt

Weil es so fundamental wichtig ist, möchte ich auch noch ein paar Sätze über den *Sinn und Zweck* sagen. In Kapitel 6 hatte ich bereits vorgeschlagen, den Sinn und Zweck der Predigtbotschaft kurz und knapp und persönlich für Sie gemünzt zusammenzufassen, z. B.: »Gott möchte, dass ich denen vergebe, denen ihre Fehler mir gegenüber leidtun.« Viele Prediger sind in dieser Hinsicht jedoch schlecht geschult, was zu mehreren größeren und kleineren Problemen führt. Drei bedeutende Probleme sind:

1. Die Predigt hat nicht nur einen, sondern mehrere Absichten.
2. Die Absicht des Predigers kann von dem Sinn und Zweck abweichen, zu dem der Bibeltext ursprünglich verfasst wurde.
3. Die Predigt hat gar keinen Sinn oder Zweck.

Fangen wir mit dem dritten Problem an. Vielen Predigern wurde beigebracht, nach dem »Kerngedanken«, der »These« oder der »Stoßrichtung« ihres Predigttextes zu suchen. Daher können Sie uns vielleicht die These oder den zentralen Gedanken des jeweiligen Bibelabschnitts nennen und ihn dadurch zusammenfassen, aber wenn man sie nach dem Zweck ihrer Botschaft fragt, gucken sie uns nur groß an. Manche sagen perplex: »Der Zweck ist, dass ich eine Predigt halte, denn dafür werde ich ja auch jede Woche bezahlt.« Ein solcher Gedanke, ob ausgesprochen oder nicht, kann tatsächlich die einzige Absicht des Predigers und der der einzige Sinn und Zweck seiner Botschaft sein, zumindest nach seiner Auffassung.

Wenn man nichts weiter als das in einem Bibelabschnitt sieht, dann beginnt man ohne klare Zielvorstellung zu predigen. Diese Prediger, die auf nichts zielen, können sicher sein, auch nichts zu treffen. Jede Predigt sollte mehr sein als eine Textanalyse, bei der der Hauptgedanke eines Bibelabschnitts herausgearbeitet wird. Wenn Prediger keinen klaren Zweck für die Gemeinde beabsichtigen, werden sie letzten Endes nur die »Bedeutung« oder »Lehre« des Bibelabschnitts diskutieren und vielleicht (wenn am Ende noch Zeit bleibt) eine kleine Anwendung anheften.

Gott gab uns die Bibel nicht nur zum Analysieren und Diskutieren; wir erfreuen ihn nicht, wenn wir am Ende nur die »Bedeutung eines Abschnitts« kennen. Das führt uns zum zweiten Problem: Die Absicht des Predigers weicht von dem Sinn und Zweck des Bibeltextes ab.

Sinn und Zweck ist mehr als nur die Bedeutung. Es ist eine Sache zu sagen: »Ich weiß, was die Begriffe in dieser Bibelstelle *bedeuten*«, und eine ganz andere zu sagen: »Ich verstehe, welche Änderung in meinem Leben, meinem Denken und meinem Verhalten der Heilige Geist durch diesen Bibelabschnitt bewirken will.«

Weil viele Prediger nie gelernt haben, dass das Ziel ihres Bibelstudiums darin besteht, die Absicht des Heiligen Geistes zu entdecken und aufgrund der langen Tradition, Bibelabschnitte für die Absichten des Predigers heranzuziehen, sind viele Predigten schlicht unangemessen. Prediger sollten beim Predigen die Absicht übermitteln, die der Heilige Geist mit dem betreffenden Bibelabschnitt verfolgt – ihre Predigt sollte den Sinn und Zweck haben, den der Heilige Geist dem Bibeltext gegeben hat.

Da viele Prediger erst jetzt beginnen, sich dieser wichtigen Tatsache bewusst zu werden, haben wir auf diesem Gebiet noch viel Arbeit zu tun. Erstens muss uns klar sein: Viele ansonsten hilfreiche Predigten – die der allgemeinen biblischen Lehre entsprechen – wurden anhand der falschen Bibeltexte gepredigt. »Die richtige Lehre aus dem falschen Text« nennt man das. Bei einer solchen Predigt können Sie den Fehler aber zu einem zweifachen Nutzen verwandeln. Sie können einerseits von den richtigen Wahrheiten profitieren und andererseits nach Bibelstellen suchen, die wirklich beabsichtigen, diese Wahrheiten zu vermitteln. Das wäre ein nützliches Studium. Darüber hinaus wäre es sehr gewinnbringend, wenn Sie nach der Predigt einen Kommentar zum Predigttext lesen und dabei entdecken, was der Heilige Geist durch diesen Abschnitt tatsächlich bezweckt.

Und das letzte (in unserer Auflistung oben das erste) Problem ist, dass Sie aus der Predigt letztlich mehr als nur zusammengefasste Absicht notieren können. Denn Prediger, die nicht nach der Absicht des Heiligen Geistes suchen, »gebrauchen« oft ihren Predigttext für mehrere Zwecke, die sie manchmal »Lektionen« nennen. Ihre Aufgabe ist es dann, zu entscheiden, welcher dieser von Ihnen zusammenfassend formulierten Sinne und Zwecke derjenige ist, der den Sinn und Zweck (die Absicht) des Bibeltextes wirklich zum Ausdruck bringt. Wenn gar keine Ihrer Predigtzusammenfassungen der Absicht des Bibeltextes entspricht, dann sollten Sie diese Absicht selber artikulieren.

Ich habe dieses Kapitel nicht geschrieben, um Sie im negativen Sinne zu kritischeren Predigthörern zu machen, sondern um Ihnen zu helfen wertzuschätzen, wie ungemein schwierig es ist, gut zu predigen. So viele Dinge können falsch laufen! Außerdem möchte ich, dass Sie die »Mechanik« (wie beim Auto) des Predigens besser verstehen, damit Sie vom Gehörten besser profitieren können.

Eines Tages sagte eine Frau zu dem Prediger Alexander Whyte (1836–1921): »Mir hat Ihre Predigt nicht gefallen!« Aber in derselben Woche schrieb ihr Sohn an Alexander Whyte: »Ihre Predigt hat mich zu Christus geführt!« Die Predigt mag im technischen Sinne gut oder weniger gut gewesen sein, aber der Heilige Geist hat sie tatkräftig als Werkzeug gebraucht. Bedenken wir: Zwar ist jeder Hörer verpflichtet, so gut und aufgeschlossen wie es geht zuzuhören, doch wie der Heilige Geist sein Wort, das wir mit schwachem Können predigen und hören, letztendlich gebraucht, das ist seine Sache. Unsere Schwachheit ist für ihn keine Begrenzung! Seien wir dankbar dafür, dass er stets besser zu uns ist als wir zueinander!

Resümee

Gott ruft uns auf, dass wir uns ihm und seinem Wort als aktive, empfängliche, eifrige und betende Zuhörer nahen. Kraft- und lustlose Gottesdienstbesucher, die geistlich und körperlich träge sind, dürfen keinen Segen von ihm erwarten. Bloße körperliche Gegenwart in der Gemeinde bedeutet an sich nichts und kann vielmehr als Affront oder sogar Aufstand gegen Gott betrachtet werden.

Stattdessen müssen wir lernen, erwartungsvoll, motiviert und aktiv empfangsbereit unter der Predigt zu sitzen und durch die Kraft des Heiligen Geistes gestärkt uns auf das Wort Gottes zu konzentrieren. In allzu vielen Gemeinden steht heute nicht mehr das Kreuz, sondern die gepolsterte Kirchenbank im Zentrum des Interesses.

Der schlechteste bibeltreue Prediger hat immer noch unendlich mehr zu bieten als der »Lehrdiener« in einem Königreichsaal der Zeugen Jehovas oder ein »Bischof« in einem Mormonentempel. Erkennen wir unsere reichen Privilegien und wachen wir auf! Seien wir dankbar. Machen wir Gebrauch von unseren Segnungen!

Wie tragisch ist es, wenn sich Gläubige am Samstagabend mehr Gedanken darum machen, was sie für den Gottesdienstbesuch anziehen wollen, statt sich im Herzen darauf vorzubereiten, Gottes Botschaft zu hören.

Manche Leute … hören nie, *was* gesagt wird, weil sie nur an dem interessiert sind, was man die sanfte innere Massage nennen könnte, die der *Klang* der Worte ihnen verpasst. Wie

Katzen und Hunde es lieben, gekrault zu werden, so mögen es manche Menschen, verbal gestreichelt zu werden.[48]

Das darf niemals die christliche Einstellung zur Predigt sein. Christen müssen sich zutiefst mit dem *Inhalt* auseinandersetzen. Sie dürfen sich nicht eher zufriedengeben, bis sie, wie die Beröer, die Wahrheit der Predigt anhand der Bibel bestätigt haben. Der Christ wächst geistlich durch die Lehre, die er empfängt, und durch die Mühe, die er sich gibt, um die gepredigte Lehre zu verstehen und zu auszuwerten.

Außerdem wendet er seine Erkenntnis zur Ehre Gottes und zum Wohl seines Nächsten an. Er wächst durch das Hören der Predigt, weil er die erlernte Wahrheit in seinem Leben und seinem Dienst implementiert. Er verändert sich gern und erwartet, dass jede Predigt eine Veränderung an ihm bewirkt, die Gott gefällt und durch die er fähiger wird, andere zu lieben.

Deshalb sollte es Ihr Ziel sein, ein Zuhör-Experte zu werden – jemand, der Predigten so hört, wie es Gott gefällt.

Zwei Söhne wurden gebeten, im Weinberg ihres Vaters zu arbeiten. Einer sagte schnell zu, der andere jedoch weigerte sich. Aber der, der zugesagt hatte, ging nicht zur Arbeit, während der andere Sohn, der sich zuerst geweigert hatte, Buße tat und doch in den Weinberg ging und arbeitete. Jesus verdeutlicht mit diesem Gleichnis (Mt 21,28-32), dass Gott lieber Gehorsam hat als Gerede. War Ihr scheinbarer Eifer, Sonntagsmorgens zur Predigt zu kommen, bisher eher ein Erscheinen um des Erscheinens willen? Ging es Ihnen wie dem ersten Sohn, der sagte: »Ja, Vater, ich gehe gern für dich arbeiten« (mit oder ohne gute Absichten) und haben Sie dann versäumt, auch wirklich Taten folgen zu lassen? Hat das Konsumieren vieler Predigten bisher wenig Veränderung in Ihrem Leben und Ihrem Dienst bewirkt?

Wenn ja, tun Sie Buße und fassen Sie Mut. Es spielt keine Rolle, wie spät die Erkenntnis in Ihrem Leben kommt, Sie kön-

---

[48] S. I. Haikawa, zitiert in Gerald Kennedy, *A Reader's Notebook* (New York: Harper & Row, 1953), S. 288.

nen sich immer noch zum Nachahmer des zweiten, gehorsamen Sohns werden. Das Gleichnis lehrt eindeutig, dass Gott seinen Kindern eine weitere Chance gibt! Vielleicht hatten Sie schon seit einiger Zeit Schwierigkeiten damit, viel aus den Predigten herauszuholen, und haben dieses oder jenes versucht. Doch Sie wurden zunehmend entmutigt. Nun, da Sie dieses Buch gelesen haben, dämmert es Ihnen allmählich und die Wolken lichten sich. Nehmen Sie es sich zu Herzen. Schieben Sie nicht auf, womit Sie schon *diese* Woche beginnen können! Nach Gottes Vorsehung findet die Predigt jede Woche statt. Das bedeutet, Sie können sofort beginnen. Machen Sie den kommenden Sonntag und seine Predigt zu einer unglaublich wertvollen Erfahrung – zur ersten von vielen folgenden!

Buchempfehlung

Der BibelStarter

Bibelleseplan für Einsteiger

Din A5-Heft
90 Seiten
ISBN 978-3-945716-17-5
2,90 Euro

Allein durch die Bibel können wir Gott erkennen und finden. Sie ist das tägliche Brot für unsere Seele. Aber wo kann man anfangen zu lesen und wie geht man vor? Dieser Leitfaden führt durch etwa ein Drittel der Bibel, zeigt den roten Faden und bietet viele Erklärungen und Hilfen.

- Dieses Heft hilft, fortlaufend die Bibel zu lesen, ohne frustriert aufzugeben.
- Man bekommt rasch einen Überblick über die ganze Bibel.
- Er zeigt das Wichtigste und den roten Faden der Bibel.
- Das von Gott verheißene Kommen des Retters steht von Anfang an im Blickpunkt.

Der BibelStarter ist ein Leseplan für tägliches Bibellesen (jede Einheit ca. 5-10 Minuten) mit etwa 400 Einheiten, die in groben Zügen durch die ganze Bibel führen. Wichtige Begriffe wie Sünde, Glauben usw. werden beim ersten Vorkommen erklärt und Hintergründe erläutert. Aber alles sehr kurz und einfach gehalten, damit man zügig vorankommt.

Auch als edle Geschenkausgabe, gebunden, 174 S., Leinenstruktur, Lesebändchen (jede 2. Seite ist eine freie Notizseite): 11,90 Euro, ISBN 978-3945716-20-5.

Buchempfehlung

Dennis E. Johnson

Der Triumph des Lammes

Ein Kommentar zum Buch der Offenbarung

Betanien Verlag 2014
Gebunden · 478 Seiten
ISBN 978-3-935558-30-3
23,90 Euro

Dieser reformatorisch geprägte Kommentar hilft die Offenbarung durch gesunde Schriftauslegung anstatt durch gewagte Spekulationen zu verstehen. Die Bildersprache der Offenbarung wird sorgfältig vom Alten Testament her gedeutet. Sie zeigt uns den geistlichen Krieg hinter den Kulissen und den letztendlichen Sieg Christi – auch auf ganz praktische und seelsorgerliche Weise.

»15 Jahre lang habe ich die Offenbarung gemieden, weil ich dachte, sie sei zu schwierig zu verstehen. Dann war es höchste Zeit, diese Vernachlässigung dieses Teils von Gottes Wort zu beenden. Ich danke Dennis Johnson für diesen Kommentar, der gut begründet ist, ohne in den heute üblichen Sensationalismus zu verfallen. Ich hätte mir nie erträumt, dass die Offenbarung sich mir erschließt oder gar mein Lieblingsbuch der Bibel wird. Dabei bringt es die gesamte Bibel wunderbar auf den Punkt.« (Stan Mccullars, Rezensent)

»Wann immer die Offenbarung auf unser Herz so wirkt, wie Gott es beabsichtigt hat, werden wir Jesus mehr vertrauen, lieben und fürchten.« (Dennis E. Johnson)

Weitere Bücher vom Betanien Verlag

Charles Ray
Susannah Spurgeon
Die Frau an der Seite des Predigerfürsten
Gebunden · 126 Seiten · ISBN 978-3-935558-88-4 · 7,90 Euro
Diese von Liebe zum Herrn geprägte Kurzbiografie skzizziert das Leben von
Susannah Spurgeon (1832 – 1903) und ermutigt, Gott in Hingabe zu dienen. Die
Frau des berühmten Predigers baute u.a. einen fruchtbringenden Literaturdienst
auf, obwohl sie an einer schweren chronischen Krankheit litt.

John MacArthur
Die lebendige Gemeinde
Der Plan des Baumeisters für seine Gemeinde
Paperback · 315 Seiten · ISBN 978-3-935558-53-2 · nur 7,90 Euro
Wie kann eine Ortsgemeinde dem Plan Gottes entsprechen? Das zeigt dieses
Handbuch zu Gemeindeleitung und Gemeindeleben. Themen: Älteste & Di-
akone, Lehre & Verkündigung, Jüngerschaft, Seelsorge und andere Dienste,
Gemeindezucht, Umgang mit falschen Lehren etc.

R. C. Sproul
Bibelstudium für Einsteiger
Eine Einführung in das Verstehen der Heiligen Schrift
Paperback · 140 Seiten · ISBN 3-935553-89-1 · nur 4,90 Euro
Der Autor fördert persönliches Bibelstudium als Vermächtnis der Reformation.
In verständlichem Stil gibt er Anleitung zum Bibelstudium und vermittelt ein
gesundes Schriftverständnis. Mit Fragen- und Übungsteil.

Michael Lawrence
Biblische Theologie für die Gemeinde
Ein Leitfaden für die Anwendung von Gottes Offenbarung
Paperback · 278 Seiten · ISBN 978-3-935558-45-7 · nur 7,90 Euro
Eine sehr lehr- und hilfreiche Einleitung in die Biblische Theologie – in die Lehre
von den roten Fäden der Bibel; mit großem Praxisbezug. Wie erkennt und ver-
mittelt man den ganzen Ratschluss Gottes in lebensprägender Weise?

Stephen Westerholm
Angriff auf die Rechtfertigung
Die Neue Paulusperspektive auf dem Prüfstand
Paperback · 126 Seiten · ISBN 978-3-945716-03-8 · nur 5,90 Euro
Ein notvolles aktuelles Thema: Die Rechtfertigung allein aus Glauben – Kern-
punkt der Reformation – wird heute massiv angegriffen. Der Autor untersucht
diese »Neuen Paulusperspektive« und prüft sie anhand der Bibel.